AF248342

COLONISATION

DE

L'ALGÉRIE.

DE LA
COLONISATION
EN
ALGÉRIE,

PAR

GUSTAVE VESIAN.

Paris,

GABRIEL ROUX, ÉDITEUR,

24, RUE DES GRANDS AUGUSTINS.

1850.

DE LA
COLONISATION EN ALGÉRIE.

I.

J'avais déjà fait un premier voyage en Afrique, lorsque j'y fus envoyé en qualité d'inspecteur de colonisation. Après un séjour de deux mois, consacrés à l'étude des ressources et des besoins commerciaux du pays, j'employai quelques jours qui me restaient, avant mon départ, à visiter les terres des environs d'Alger.

En traversant la plaine de la *Mitidja*, où, à côté de marais fiévreux, se déroulaient devant moi d'immenses terres arides et sans culture; où, si loin que mon œil pût s'étendre, je ne voyais partout qu'une végétation sauvage et parasite, flétrie, brûlée par l'ardeur du soleil; où je ne trouvais pas un arbre pour me servir d'abri, je ne pus me défendre d'un sentiment profond de tristesse et de découragement. Je me disais que cette terre ingrate et insalubre n'indemniserait jamais la France des sacrifices qu'elle s'était imposés pour en faire la conquête. Heureux et fier de la gloire de notre jeune armée, je me demandais si son sang généreusement répandu, si ses efforts et son courage, son héroïsme et ses souffrances, ne seraient pas perdus pour nous ?

Mais lorsque, pénétrant plus avant dans la plaine, j'eus enfin rencontré quelques sources d'eau vive et courante, dont l'action salutaire tempérait les ardeurs de ce soleil de feu, lorsque, sur la partie de terrain arrosé, je vis s'élever une végétation vigoureuse et puissante au-delà de toute expression, frappé, par ce contraste dont je voyais à la fois la cause et les effets, j'examinai, avec plus d'attention, les terres que j'avais parcourues ; j'étudiai la nature et la configuration du sol ; peu à peu mes premières impressions s'effacèrent pour faire place à des pensées d'espoir et d'avenir.

Je vis alors cette plaine, qui d'abord m'avait paru aride et insalubre, partout recouverte d'une couche végétale, dont l'épaisseur et la fécondité dépassent celles de nos meilleures terres de France ; il me sembla que les eaux qui se perdent par des infiltrations souterraines ou dans des marais fiévreux, pouvaient être facilement recueillies et utilisées. Poussant plus loin mes désirs d'amélioration et de progrès, j'en vins à me demander ce qu'il en coûterait à la France pour dessécher ces marais, et creuser des canaux d'irrigation alimentés par les cours d'eau qui traversent la plaine, au moyen de barrages ou de digues, dont les Romains, nos devanciers en Afrique, nous ont laissé tant et de si beaux restes. J'ai hâte de le dire, ces travaux ne sont pas impossibles, et la dépense nécessaire, pour les exécuter, ne devrait pas arrêter un gouvernement qui comprendrait les avantages qu'il pourrait en obtenir. Avec un plan bien étudié, de sages économies, un emploi intelligent de l'armée et des colons, l'exécution de ces travaux serait facile et peu dispendieuse ; on obtiendrait pour résultat d'assainir la plaine, de donner abondamment du travail et du pain à ceux qui n'en ont pas dans la métropole.

Le cœur plein de ces idées, j'acceptai avec empressement le poste qui m'était offert ; et, sans trop rechercher si mes nouvelles fonctions étaient un exil ou une disgrâce, je partis pour l'Afrique, heureux de contribuer activement à la colonisation de ce beau pays.

Il ne m'a pas été donné de m'associer longtemps à cette œuvre, que je persiste à regarder comme une des plus importantes et des plus utiles entreprises de la France. Je suis resté peu de jours en Afrique, mais je les ai consacrés à l'étude du progrès et des besoins de la colonisation. Ce nouvel examen a confirmé toutes mes impressions premières : aussi, malgré les essais malheureux qui ont été faits, je n'ai pas cessé d'espérer et de dire, avec M. Fortin d'Yvry : « J'ai foi dan l'Algérie comme en une nouvelle « France, dont la conquête est assurée et dont les res- « sources sont aussi vastes que le territoire est étendu et « varié. »

PREMIÈRE PARTIE.

PREMIERS OBSTACLES A LA COLONISATION.

II.

La guerre et les fièvres ont été les deux grands obstacles qu'a rencontrés d'abord la colonisation : quand nos hôpitaux recevaient tous les jours de nouveaux malades; quand les Arabes, conduits par un chef habile et infatigable, se montraient partout hardis et menaçants, la confiance ne pouvait s'établir; les travailleurs et surtout les capitaux ne vont que là où il y a pleine et entière sécurité; et, pour coloniser, il faut de l'argent et des bras.

L'insuccès des premiers colons est venu aggraver les difficultés. Les travailleurs, et plus encore les capitalistes, qui déjà s'aventuraient difficilement en Afrique, ont été effrayés de ces résultats; leurs craintes, leurs répugnances, se sont accrues à tel point, que la colonisation par l'industrie privée ne sera désormais possible que lorsque le gouvernement, prenant l'initiative, aura prouvé par le succès que le succès est possible, certain,

Ceux qui ont échoué ne veulent pas avoir tort ; ils attribuent leur malheur au sol, au climat, au gouvernement, à l'usure, à tout enfin, excepté à leur imprudence, à leur ignorance, au manque d'argent et de direction, et pourtant ce sont là les causes principales de leurs misères : comme leurs malheurs sont réels, leurs plaintes incessantes et unanimes, on a ajouté foi à leurs paroles, on les a crus sans examen, et peu à peu s'est accréditée cette opinion, qu'en Afrique la santé de l'homme dépérit et se perd vite ; que la terre, dure au travail, ne donne que peu ou point de produits ; que le gouvernement ne veut rien faire pour encourager et protéger les colons : opinion funeste qui a eu pour effet de décourager ceux qui avaient le plus d'ardeur, de rendre indifférents ceux qui espéraient encore et voulaient entreprendre, et de généraliser cette pensée mensongère : *qu'il n'y a rien à faire en Afrique !*

Un examen approfondi des essais de culture faits en Algérie, nous fera connaître les véritables causes de la ruine des premiers colons ; il nous montrera tout ce qu'il y a d'exagéré et de faux dans l'opinion qui s'est accréditée. Quant à moi, je n'hésite pas à affirmer, dès à présent, que l'Algérie peut et doit être colonisée ; que le climat, le sol et l'État peuvent assurer aux colons, santé, bien-être et protection ; que la colonisation n'est pas seulement possible, mais que, dès qu'on le voudra, elle deviendra facile ; enfin, qu'elle doit être immédiate ; car c'est seulement par elle que la France conservera sa conquête.

La prise d'Ab-del-Kader a mis fin à la guerre ; l'Algérie est désormais à l'abri de ces attaques meurtrières et inattendues qui ont mis tant de fois à l'épreuve les forces et le courage de notre brave armée ; mais il ne faut pas conclure de là que l'Arabe soit partout soumis et résigné. Pendant longtemps encore ce peuple à demi-sauvage, altier et fanatique, supportera difficilement le joug de ceux qu'il regarde comme les usurpateurs de ses biens, les ennemis de sa foi. Pour le contenir et le réprimer au besoin, une force imposante sera indispensable.

Sans entrer dans l'examen des grandes questions, qui aujourd'hui occupent tous les esprits, on peut se demander si, pour telle éventualité qu'il est sage de prévoir, nous ne serons pas forcés de réduire considérablement l'effectif de l'armée d'Afrique, et si l'état de nos finances nous permettra de maintenir le budget de l'Algérie au chiffre élevé, mais nécessaire, auquel il a été porté. Dans ce cas, où trouver une force suffisante pour remplacer les soldats rappelés ? Comment alléger la France du sacrifice énorme qu'elle s'impose ? Telle est la première question à résoudre, car il faut assurer la conquête avant de rien entreprendre. Or, ce que nous indiquons, comme une éventualité hypothétique, peut devenir bientôt une nécessité absolue. Cette question n'a qu'une solution possible : LA COLONISATION ; c'est évidemment par elle et par elle seulement qu'on obtiendra les hommes et l'argent nécessaires, indispensables. Hâtons-nous donc de coloniser l'Afrique, car déjà la question de l'Algérie pourrait être ainsi posée :

OU LA COLONISATION OU L'ABANDON.

Hâtons-nous ! car la colonisation n'aura pas seulement pour effet de rendre plus facile et moins dispendieuse la défense du sol que nous avons conquis ; elle sera en outre pour les négociants, les industriels et les ouvriers de la métropole, une source certaine de bien-être et de richesse.

Si, malgré les victoires de notre armée, il faut encore soixante ou quatre-vingt mille hommes pour garder l'Algérie ; si un budget de quatre-vingt à cent millions est aussi indispensable ; si la France ne peut, à l'avenir, s'im-

poser de si grands sacrifices en hommes et en argent, enfin si la colonisation peut seule suffire à ces exigences,
on peut dire que nous touchons au moment suprême qui
doit décider du sort de notre colonie.

En effet, au moyen du crédit de cinquante millions
voté par l'Assemblée constituante, l'État a commencé un
grand essai de colonisation ; si cet essai ne réussit pas, la
colonisation n'est plus possible et l'Afrique est perdue
pour la France! Quel est le capitaliste qui voudrait exposer sa fortune et le cultivateur sa famille dans une entreprise où le gouvernement aurait échoué avec ses immenses ressources? Évidemment, il ne se trouverait plus
en France, ni un homme ni un écu pour coloniser l'Algérie.

Au moment où j'écris ces lignes, les résultats de cet essai sont connus ; ont sait que les colons, envoyés en Afrique en 1848, sont, malgré d'énormes sacrifices, aussi
malheureux que leurs devanciers ; mais on sait aussi que
cet essai n'était pas sérieux, que ce n'était pas la colonisation qu'on avait pour but, lorsqu'on a envoyé en Algérie les ouvriers sans travail de Paris et de Lyon ; on sait,
enfin, que les causes qui ont empêché ces colons improvisés
de réussir, sont indépendantes du sol et du climat de
l'Afrique. La commission, envoyée en Algérie par le ministre de la guerre, a fait connaître quelques-unes de ces
causes. Je reviendrai sur ce sujet, et j'indiquerai les autres.
Je me borne à dire, quant à présent, que cet essai, stérile et très-coûteux, ne préjuge rien et que la question
de la colonisation reste entière.

La dignité, l'honneur, l'intérêt de la France, sont en-
gagés en Afrique. Nous avons eu la gloire de détruire ce
repaire de la piraterie qui, de Malte à Gibraltar, désolait
la Méditerranée, et rendait la navigation dans ces parages
si dangereuse aux navires du commerce. Les nécessités de la

guerre, une politique sage et prévoyante, ont agrandi le but de la première expédition ; la conquête a été résolue. Cette œuvre, grande et difficile, l'armée française l'a accomplie avec constance et courage. Aujourd'hui, nous sommes maîtres de cette belle et riche contrée, qui donne à notre marine plus de deux cents lieues de côte, à notre industrie un débouché et d'immenses ressources, à nos ouvriers sept mille lieues carrées de terrains à cultiver.

Notre marine, notre commerce, nos fabriques, ont déjà gagné à l'occupation de l'Algérie. Ces premiers avantages seront décuplés, lorsque les richesses de ce beau pays seront connues et convenablement exploitées.

Dans nos campagnes et plus encore dans nos villes, une population nombreuse manque souvent de travail, et souffre même dans les temps de calme. Dans les jours de stagnation et de crise, elle endure toutes les horreurs de la misère et de la faim ; cette population, d'abord pleine de sève et de vie, laborieuse et intelligente, les souffrances et les privations de toute sorte l'affaiblissent, l'énervent, la démoralisent et la corrompent. Elle trouvera en Afrique le travail et le bien-être ; et la France s'épargnera ainsi de poignantes douleurs et des grandes convulsions.

Ces avantages immenses, ces ressources certaines, cette gloire, ces richesses, la colonisation seule peut nous les donner. A l'œuvre donc ! Faisons vite et bien !

Mais, en agriculture, pour réussir, il faut procéder avec lenteur et maturité ; là surtout on doit accorder très-peu au hasard, si l'on veut éviter de cruelles déceptions. Une faute a pour première conséquence une considérable perte de temps, et d'un temps précieux. Comment concilier la prudence, la lenteur qu'exige une bonne culture, avec les nécessités de la France et de l'Algérie, qui aspirent à une prompte colonisation ? En étudiant les essais des premiers colons, nous échapperons aux fautes qu'ils ont commises ; cette expérience ne doit pas être perdue pour nous.

Nous devons, en outre, nous inspirer des travaux des hommes intelligents et dévoués, qui ont longtemps habité l'Afrique, et qui ont publié sur la colonisation des livres malheureusement trop vite oubliés.

Nous préserver de ces fautes et profiter de ces leçons, telle doit être notre règle de conduite en Algérie. Il ne s'agit donc pas aujourd'hui de chercher un nouveau mode de colonisation, ni d'aller vers l'inconnu ; mais d'appliquer un système qui, grâce à une expérience si chèrement acquise, n'ait plus à redouter de déceptions ni de catastrophes.

Pour indiquer cette marche à suivre, il n'est donc pas besoin de formuler une théorie nouvelle. Il suffira d'examiner les causes qui ont entraîné la ruine des premiers colons et de nous en préserver ; nous devons en outre chercher dans les livres les moyens déjà consacrés par l'expérience et les meilleurs, pour arriver sûrement et vite à une bonne colonisation.

Mais, pour attirer en Afrique des bras et des capitaux, ce n'est point assez de dire que le succès de la colonisation est facile, assuré ; il faut d'abord prouver que la santé et la fortune y sont garanties, protégées contre les influences du climat et les attaques des Arabes : à cette triple condition, la confiance renaîtra !

III.

Les grandes pertes que nous avons éprouvées en Afrique pendant les premières années de l'occupation avaient fait craindre que les effets du climat ne rendissent à peu près impossible la colonisation par les Européens.

On est à peu près revenu aujourd'hui de cette apppréhension ; mais comme elle n'est pas complétement dissipée, je crois devoir entrer dans quelques détails pour démontrer que, en Algérie comme en France, le colon Européen peut vivre et travailler sans avoir à redouter les effets du climat, et qu'il n'a besoin pour cela que de s'astreindre à quelques précautions d'hygiène faciles et peu dispendieuses.

Le climat de l'Algérie est généralement sain, mais il est chaud et, dans les régions élevées, sujet à de grandes variations de température : dans la région du littoral, la chaleur est tempérée par des brises de mer presque continuelles. Si on excepte quelques parties basses et sans écoulement, telles que *la Macta* où le soleil et l'eau décomposent les plantes et développent des germes putrides, l'Européen vit partout en santé, et supporte le travail qui n'est interrompu qu'au moment des plus fortes chaleurs.

Dans la région plus élevée des plateaux, le climat est plus sain que dans celle du littoral. Le travail n'y est jamais interrompu.

Au reste, l'opinion qui s'était d'abord accréditée, de l'insalubrité du climat disparaît et s'efface tous les jours pour faire place à l'opinion contraire. Voici, à ce sujet, comment s'exprime M. Fortin d'Ivry : « Les ressources de » l'Algérie sont immenses, *et d'abord le climat y est excel-* » *lent*, il offre à différentes hauteurs des plaines, des » plateaux et des montagnes qui *permettent toutes les con-* » *ditions de culture et d'habitation pour l'Européen*. »

Pourtant l'acclimatation sera toujours pénible et la prudence exige qu'on se mette en mesure d'en prévenir et d'en combattre les effets.

D'un autre côté, les terres d'Afrique n'ont pas été remuées depuis plusieurs siècles, et les premiers travaux de culture auront pour résultat l'émanation de miasmes nuisibles à la santé du colon. Il y a là encore un danger contre lequel on doit se prémunir.

Le choix des lieux est le moyen le plus sûr et le plus important. Les colons ne doivent être placés que sur des terrains où les eaux sont abondantes, de bonne qualité et d'un écoulement prompt et facile. Il est de plus indispensable d'exercer une surveillance active et de ne pas permettre que le colon se loge dans des maisons qui manqueraient aux premières conditions de l'hygiène. Mieux vaut avoir d'abord quelques travailleurs de moins en Algérie, que de s'exposer, presque à coup sûr, à les voir entrer dans les hôpitaux peu de jours après leur installation. Et c'est ce qui arrive lorsque le colon est mal logé et, plus sûrement encore, lorsqu'il est placé dans le voisinage d'eaux stagnantes.

Les défrichements sont pénibles, dangereux à cause des émanations. Il convient donc surtout dans les premiers temps, que le colon puisse varier ses travaux et ne soit pas constamment employé à remuer des terres presque vierges. Les herbes ramassées avec soin et brûlées tous les jours sur les champs défrichés, contribueront à purifier l'air; enfin le colon doit avoir une nourriture saine et suffisante et se garantir de tout excès. Avec ces précautions, sa santé est aussi assurée qu'elle pourrait l'être en France.

Les moyens que j'indique sont faciles et peu dispendieux; ils seront suffisants pour maintenir le colon en santé.

Je dois maintenant essayer de dissiper les craintes qu'inspirent encore les Arabes et que de fréquentes révoltes semblent justifier; ces craintes ne sont pas mieux fondées que celles qu'avait fait naître d'abord la prétendue insalubrité du climat, mais elles sont plus généralement répandues, et, pour les détruire, j'ai besoin d'entrer dans de plus grands développements.

IV.

Il est un grand nombre de personnes qui pensent que l'Arabe, tant de fois vaincu mais toujours révolté, ne nous laissera jamais jouir paisiblement du sol que nous avons conquis. Ceux-là se trompent ; ils ne connaissent ni l'Afrique, ni le caractère, ni les mœurs, ni les ressources du peuple qui l'habite.

D'autres, moins effrayés, conviennent que la prise d'Ab-del-Kader a mis fin à la guerre ; que l'Arabe est soumis, ou tout au moins découragé ; mais ils ajoutent que, pour assurer la tranquillité et contenir les populations indigènes, il faut *absolument* que l'effectif de l'armée d'Afrique soit maintenu sur le pied actuel ; ils pensent que le rappel d'une partie des troupes serait le signal d'une grande insurrection. Et comme l'état présent des affaires de l'Europe et notre situation financière font craindre, avec quelques raisons, que la France ne soit bientôt forcée de rappeler une partie de son armée, les craintes restent, la confiance ne renaît pas et la colonisation est toujours stérile !

Il importe de détruire ces frayeurs exagérées ; il faut que la vérité soit connue et qu'on sache bien que, si les besoins de la France l'exigent, l'armée d'occupation pourra être réduite sans qu'on ait à redouter ni insurrection, ni soulèvement de la part des Arabes.

Ce n'est pas sans hésitation, j'allais presque dire sans répugnance, que j'aborde cette question ; mais la défense de nos possessions d'Afrique se lie d'une manière si intime au sujet que je traite, que je n'ai pu me dispenser d'en parler. La colonisation n'est possible qu'avec une sécurité entière.

Mais quels que soient l'importance et l'intérêt qui se rattachent à cette question; quoique je sois profondément convaincu que la colonisation ne deviendra possible que lorsque les craintes, que l'Arabe inspire, seront entièrement effacées, j'aurais été obligé de laisser, sans la traiter, cette question importante, si déjà un général habile et expérimenté, qui a longtemps commandé en Afrique, ne l'avait parfaitement élucidée.

En 1846 et 1847, M. Le Pays de Bourjolly, a publié successivement deux brochures où il traite de la défense de nos possessions avec autant de clarté que de talent.

C'est du projet de ce général que je me suis inspiré.

Dans la première partie de son travail, M. le général de Bourjolly s'occupe de la qualité des troupes qui doivent composer l'armée d'Afrique. Cette partie a été vivement controversée par les hommes de guerre ; le maréchal Bugeaud, entre autres, en a fait une longue critique ; il n'en a pas été de même de la seconde, la seule dont nous ayons à nous occuper ici ; celle-là fut généralement approuvée; le gouvernement lui-même adopta un moment le projet du général de Bourjolly ; des travaux furent entrepris à cette occasion.

Avant d'exposer ce système de défense et pour qu'on en ait la parfaite intelligence, je dois faire connaître l'état de l'Algérie avant et depuis la conquête, les travaux que nous y avons faits, les mœurs, le caractère, les besoins des Arabes.

L'Afrique française s'étend, de l'est à l'ouest, depuis la Régence de Tunis jusqu'à l'Empire du Maroc; elle est bornée au nord par la Méditerranée, au sud par le Sahara, à l'exception de la grande Kabylie. Cette immense étendue de terrain qui, d'après M. Carrette, a plus de vingt mille lieues carrées de superficie, est aujourd'hui la propriété de la France, le prix des victoires de son armée et des sacrifices qu'elle s'est imposés.

La population indigène répandue sur cette vaste contrée est évaluée à deux millions d'habitants.

Indocile, dur et farouche, l'Arabe de l'ouest est nomade et paressseux ; il sera difficile de le maintenir dans la soumission et peut-être impossible de lui faire adopter nos mœurs et nos usages. Dans l'est, les mœurs de l'Arabe sont plus douces, son caractère moins turbulent ; cultivateur, laborieux et diligent, il s'est attaché aux plaines riches et fertiles de la province de Constantine et s'y est établi à demeure fixe. Il a compris les bienfaits de l'administration française et apprécié les effets de sa puissante protection ; il a su s'approprier avec discernement ce qui a été fait de bon et d'utile dans les essais de culture que nous avons tentés. Peu d'efforts restent à faire pour l'attacher entièrement à la France à laquelle il est soumis et contre laquelle il ne se révoltera jamais, si on évite avec soin de le froisser dans ses intérêts et dans sa foi.

Dans la province d'Alger, la population indigène tient par l'esprit, les mœurs et les usages, des populations de l'est et de l'ouest.

On s'était singulièrement mépris sur le caractère des Arabes quand on les représentait comme un peuple hardi et courageux. Excité par la passion qui le domine, le fanatisme, il peut se laisser entraîner quelquefois, mais il ne résiste jamais devant un déploiement de forces de quelqu'importance. Nature inculte, à demi-sauvage, la raison a peu d'empire sur lui, il est surtout frappé par des objets extérieurs, et n'est sensible qu'à ce qui se rattache à son intérêt matériel et immédiat. En le protégeant dans sa personne et ses propriétés, en augmentant son bien-être, ce qui est facile, la France aura beaucoup fait pour la pacification du pays.

Voici comment s'exprime, sur ce sujet, le général Bedeau : « Je ne crois pas à l'imperméabilité du peuple » arabe, à sa haine pour les arts et notre bien-être social, » parce que je trouve dans son histoire même , dans les » traces si nombreuses de ses arts importés et appliqués » en Europe, la cause de ma conviction.... Je ne crois pas » qu'il soit insensible aux influences qui partout et tou- » jours ont pénétré les hommes.... » Et, plus loin, il ajoute : « La paix nous a permis de donner à ces populations un » bien-être matériel progressif; ce bien-être a diminué de » jour en jour les instincts guerriers que le désordre entre- » tient et excite; cette population est préparée à nous être » un utile auxiliaire de la puissance que nous voulons » fonder dans le pays... »

La population indigène de l'Algérie peut être classée en quatre grandes races, elle se fractionne à l'infini par la division en tribus. Deux de ces races sont d'origine Kabyle, une d'origine Arabe, la quatrième, connue sous le nom de *Chaouya*, descend de l'ancienne population Numide, et s'est conservée à peu près pure de tout mélange avec l'Arabe, qui l'a vaincue et soumise. Les *Chaouya* sont doux et laborieux ; l'Arabe les méprise comme un peuple vaincu et soumis. En les protégeant efficacement, il nous sera aisé d'en faire des auxiliaires actifs et dévoués.

La haine que se portent ces races est loin d'être éteinte; elle est plus forte et plus terrible que celle que chacune de ces races éprouve contre nous. Sans les exciter, ce qui serait immoral, il sera d'une sage politique de profiter de ces haines qui entretiennent des divisions, pour nous établir les arbitres et les médiateurs des querelles des tribus ou des races entre elles ; nous acquerrons ainsi une influence qui rendra plus facile la pacification de l'Algérie.

Le TELL est la région la plus fertile de l'Afrique ; c'est là que doivent être établis nos colons. Le Tell s'étend de l'est à l'ouest, de l'un à l'autre bout de nos possessions, mais il varie beaucoup dans sa largeur qui est de plus de cent lieues, dans la province de Constantine, et se réduit à moins de trente dans la province d'Oran. Puis vient la région du Sahara où la colonisation n'arrivera pas de longtemps, quoique cette partie de l'Algérie donne de bons pâturages pendant l'hiver et le primptemps, et que dans certaines contrées la culture des céréales puisse y être faite avec succès et avantage.

Ce pays immense, riche et fertile au-delà de toute expression, défendu par une population de deux millions d'habitants, a été conquis par notre armée en dix-sept ans. Les Romains, ces grands dompteurs de nations, avaient employé plus d'un siècle à faire cette conquête.

Mais au milieu des luttes politiques qui absorbaient tous les esprits, la France a été peu attentive à la gloire de son armée. A part quelques faits d'armes éclatants, quelques désastres inévitables dans une guerre d'invasion, et qui seuls ont pu exciter la curiosité publique, cette conquête, à la fois riche et glorieuse, s'est accomplie sans qu'on s'en soit ému ! Et pourtant que d'efforts, que de constance nos soldats n'ont-ils pas dû dépenser avant de dompter et de soumettre un peuple armé pour la défense du sol et de la religion, avec un chef habile, actif et courageux ! Depuis la prise d'Alger jusqu'à la soumission d'Ab-del-Kader, que de marches, de combats, de privations et de fatigues pour joindre, attaquer et vaincre un ennemi qui toujours fuit et échappe dans un pays presque inconnu, sous un soleil brûlant ! Quand nos soldats ne trouvaient ni routes tracées, ni villes, ni villages, ils étaient quelquefois obligés d'établir leurs bivouacs auprès de marais insalubres où les germes putrides se développent avec force et rapidité. Je le dis avec bonheur, la France peut et doit être fière de son armée : elle a fait en Algérie des prodiges d'énergie et de bravoure. Elle a supporté avec une constance admirable les privations et les fatigues de toute sorte; les fièvres qui l'ont quelquefois décimée n'ont pu jamais abattre son courage ; pendant dix-sept ans elle a poursuivi sans relâche un ennemi puissant et dangereux ; elle l'a vaincu ! grâces en soient rendues à elle et aux chefs habiles qui l'ont dirigée dans cette rude et pénible entreprise ! Leur mission était belle, grande, difficile; ils l'ont remplie ! Ils ont bien mérité de la France !

Mais l'armée n'a pas seulement conquis l'Afrique, elle a encore porté, dans ce pays à demi-sauvage, les arts et l'industrie, bienfaits de la civilisation ; en cela elle a été puissamment secondée par les colons venus de France pour s'associer à son œuvre.

Dans ce pays où naguère encore on ne trouvait que deux villes de quelque importance, des bourgs rares, sales et mal bâtis, et des gourbis infects, on voit aujourd'hui plusieurs grandes et belles villes, autour desquelles viennent se grouper de délicieux villages ; de magnifiques casernes, de vastes hôpitaux, de grands travaux de fortification et de défense ont été exécutés, ou sont en voie d'exécution ; le port d'Alger a été agrandi et rendu plus sûr ; Arzeu, Mers-el-Kébir, Nemours, Philippeville, Bone ont eu leurs rades et leurs ports réparés et défendus. Au lieu de sentiers difficiles, ardus, accessibles seulement aux piétons ou aux mulets, on a tracé de magnifiques routes, dont quelques-unes sont déjà carrossables et très-bien entretenues, des ponts ont été établis, les anciennes villes restaurées et agrandies ; on a bâti des églises, des palais, des théâtres ; partout enfin on reconnaît aujourd'hui en Afrique la main de la France et son génie !

Et quand on pense que ces travaux ont été faits pendant une guerre de dix-sept ans toujours pénible et souvent meurtrière ! quand on se dit que nos soldats et leurs chefs, tenus constamment en haleine par un ennemi actif et courageux y ont puissamment contribué ! que des colons intelligents et hardis n'ont pas craint, au milieu des dangers de la guerre et des privations de toute nature, d'engager leur fortune et leur vie dans cette œuvre de civilisation ; on ne peut se lasser d'admirer le courage et l'énergie des soldats, le génie, l'activité des chefs, la constance, le dévouement des colons.

Est-ce à dire pour cela qu'en Afrique tout ait été bien fait et que nous n'ayons que des louanges à donner? Non, certes, car bien des fautes ont été commises, bien des abus ou ignorés ou tolérés sont restés impunis : plus d'une fois, dans le cours de ce travail, nous aurons à signaler ces abus et ces fautes ; mais à côté du juste blâme doit se trouver l'éloge mérité. Je suis heureux de pouvoir rendre cette justice à des hommes sur les fautes desquels je ne m'aveugle pas, mais dont je reconnais aussi la valeur ; et puis, quelques-unes de ces fautes s'expliquent tout au moins, si elles ne se justifient par les soins incessants qu'exigeait une guerre de tous les jours ; et quand, à côté des erreurs et des abus que le temps efface, on trouve des routes, des ponts, des villes, des villages, des hôpitaux, des casernes, des ports et des arsenaux qui restent et témoignent des efforts d'un grand peuple, on peut oublier un moment d'erreur et d'abus pour admirer sans réserve ceux qui ont fait ces grandes choses, qu'ils soient colons, généraux ou soldats !

Outre les avantages qu'ils procureront ou ont déjà donnés au commerce, à l'industrie, à la colonisation, les travaux dont nous venons de parler auront surtout pour effet de rendre plus facile et plus sûre la pacification de l'Algérie.

La guerre est finie, la mission de l'armée n'est plus d'attaquer et de vaincre, elle doit maintenir et conserver. Cette différence dans le but doit nécessairement apporter une modification dans les moyens.

Le nouveau système de défense doit s'appuyer sur les travaux dont nous venons de parler, et cette défense sera d'autant plus facile qu'on tiendra plus compte des mœurs et du caractère des Arabes bien connus aujourd'hui. Enfin on devra s'efforcer de suppléer au nombre des troupes par une bonne disposition.

On se rappelle que la conquête que nous avons à conserver et à défendre est un immense plateau longitudinal serré entre la mer et le désert. Si on n'a pas oublié ce que nous avons dit du caractère et des mœurs des Arabes, on comprendra que les forces consacrées à cette défense doivent être placées de manière à pouvoir se porter rapidement sur les points menacés ; il est toujours plus facile de contenir que de réprimer. C'est dire que la principale ligne de nos forces a sa place indiquée au centre même des plateaux. Cette ligne, qui s'étendrait de l'est à l'ouest, de Constantine à Tlemcen, serait appuyée sur les villes de Mascara, Orléansville, Milliana, Médeah et Aumale ; c'est là que doit être concentrée la grande masse de nos forces. On comprend, en effet, que lorsque notre armée sera à portée des points qui pourraient être menacés, les soulèvements seront toujours et facilement prévenus, et que si, par impossible, les Arabes se portaient à une tentative hostile, la promptitude de la répression nous préserverait pour longtemps de leurs attaques. Aujourd'hui, nos troupes sont cantonnées dans les villes du littoral ; l'Arabe ne voit pas assez souvent nos soldats et cesse de les craindre : à ce premier inconvénient s'en joint un autre. Les longues marches sont toujours pénibles en Afrique, les transports difficiles et dispendieux ; quand une ou plusieurs tribus se soulèvent, il faut, pour les joindre, aller les chercher loin et préparer de grands convois, ce qui fait perdre un temps précieux; souvent, ce temps perdu change en révolte ouverte ce qui n'était d'abord qu'une simple démonstration, et nos soldats, fatigués, harassés par une longue marche, sont obligés de se battre quand ils n'auraient eu qu'à se montrer pour faire rentrer l'Arabe dans l'ordre, s'ils étaient arrivés quelques jours plus tôt sur les points menacés.

Les travaux déjà terminés ou en voie d'exécution, contribueront puissamment à la défense du littoral et de la partie de nos possesssions comprises entre la mer et la ligne de défense, dont nous venons de parler. La côte d'Afrique est difficile et dangereuse; elle n'est abordable que sur quelques points; les brisants, les roches sous-marines, le manque de fond et d'abris la protégent contre les attaques du dehors; les points accessibles seront bientôt suffisamment défendus. Il y a donc peu de crainte à avoir de ce côté, et à tout événement les secours venus de France et de l'intérieur seraient promptement rendus sur les lieux. Une attaque de la part des Arabes n'est pas à craindre sur ces points; nos villes et le pays qui les avoisine seront toujours suffisamment préservés par la seule présence des Français; il suffira donc d'une faible garnison.

Une ligne de postes avancés, passant par Sebdoue, Daya, Saïda, Tiaret, Beaugar, Batna et Biskara, maintiendrait la soumission jusqu'au désert, et quelques détachements de troupes répartis dans les autres villes ou villages de l'intérieur complèteraient ce système de défense.

Les colons placés entre la grande ligne du centre et la côte seraient préservés de toute attaque, d'un côté par les travaux et les garnisons de la côte, de l'autre par la masse de nos forces qui sera toujours une épouvantail pour les Arabes; de plus, les centres de colonisation efficacement protégés trouveraient toujours un écoulement facile à leurs produits, soit dans les villes du littoral, soit dans les camps, et l'armée, rapprochée des lieux de production et de culture serait constamment approvisionnée et garantie, par ce voisinage, de la nostalgie, qui a déjà cruellement sévi en Afrique.

Vingt mille hommes suffiraient pour garder la ligne du centre, six mille fourniraient les garnisons de la côte, et six mille les postes avancés. Cinq mille hommes, répartis par petits détachements et cantonnés dans les villes et les villages de l'intérieur, compléteraient l'effectif de l'armée d'Afrique, qui serait de trente-huit mille hommes.

Ce système de défense, proposé par le général Le Pays de Bourjolly et approuvé par des hommes de guerre habiles et expérimentés, n'a pas besoin d'être expliqué. Pour ceux qui connaissent l'Afrique, il se justifie de lui-même, car il prévoit tout et assure la libre et tranquille possession de nos conquêtes.

Pourtant il serait peut-être désirable de la compléter par l'organisation d'une garde nationale. Les colons qui auront à défendre leurs familles et leurs propriétés seront d'utiles auxiliaires à notre armée.

Mais, pour être utile, la garde nationale de l'Algérie doit être fortement constituée et organisée ; la loi de 1832 serait insuffisante. Dans ce pays, à peine sorti d'une longue guerre où une population nouvelle composée d'éléments hétérogènes est venue s'établir, il faut plus de force et de vigueur dans le commandement, et un lien de discipline plus sévère que ne le comporte cette loi. Aussi nous proposerions comme base de cette organisation :

1° Que le service fût obligatoire pour tous les colons sans exceptions ni priviléges.

Si un citoyen, pour un motif quelconque, est dispensé du service, il naît des jalousies dont le moindre inconvénient est de produire le découragement dans l'esprit de ses camarades.

2° Les gardes nationaux de l'Algérie ne devraient jamais être astreints au service des places.

Outre que ce service est toujours mal fait par la garde nationale, il n'est d'aucune utilité pour elle et fait perdre un temps précieux au négociant et à l'ouvrier.

3° La garde nationale devrait être fréquemment réunie en corps et exercée aux manœuvres d'ensemble.

On le sait, l'Arabe est surtout frappé par les objets extérieurs ; tant qu'il verra des citoyens isolés, se rendre sans ordre dans un corps de garde, il ne croira pas qu'ils puissent être dangereux pour lui ; si, au contraire, il les voit réunis en corps, sortir des villes ou des villages, s'exercer aux marches et aux manœuvres, il comprendra que là aussi il y a une force avec laquelle il faudrait compter au besoin, et cela le rendra plus sage et plus prudent.

4° Enfin, dans chaque localité, suivant l'importance de la population, la garde nationale devrait avoir à sa tête un officier de l'armée, ferme et éclairé, capitaine, chef de bataillon ou colonel. On éviterait ainsi les jalousies et les rivalités que la camaraderie introduit dans le service et qui désorganisent les gardes nationales, surtout dans les petites villes.

Ces corps ainsi constitués se grouperaient au besoin autour des détachements de l'armée, cantonnés dans les villes ou les villages, et présenteraient une force imposante; ces forces réunies assureraient la paix et la tranquilité en Afrique.

———

DEUXIÈME PARTIE.

V.

J'ai dit que par des mesures de prudence simples, faciles
et peu dispendieuses la santé des colons pouvait être pré-
servée contre les influences du climat de l'Algérie : on a
vu dans le chapitre qui précède que la propriété peut y être
suffisamment protégée et efficacement garantie ; la confiance et la sécurité devraient donc être entières.

Mais au point où en est la colonisation en Afrique, après
les malheurs et les déceptions éprouvés par les premiers
colons, il ne suffit plus pour y appeler les travailleurs et
les capitaux de rassurer les esprits sur les craintes inspirées
par les influences du climat et les entreprises des Arabes.
Pour faire renaître la confiance il faut que le succès d'une
grande entreprise dissipe toutes les préventions et prouve que
la colonisation de l'Algérie offre des avantages et une sécurité
qu'on trouverait difficilement ailleurs. Cette preuve, à défaut de l'industrie privée, l'État doit la faire, car l'avenir
de l'Afrique en dépend.

C'est ce qui nous a fait dire que le gouvernement doit prendre l'initiative d'un grand essai de colonisation. Je dois maintenant indiquer la marche à suivre pour en assurer le succès.

Pour réussir, il faut surtout se préserver des fautes qui ont été commises; pour s'en préserver il faut les connaître toutes. C'est à cela que nous devons d'abord nous appliquer.

Sans en excepter la ferme des Trappistes on pourrait dire avec vérité qu'il n'y a pas eu encore en Afrique d'essai de colonisation vraiment sérieux. On ne peut en effet donner ce nom à des travaux entrepris dans des conditions qui rendaient le succès impossible. Les besoins d'argent, le prix élevé de la main-d'œuvre, le mauvais choix des lieux, l'ignorance des ressources du sol, des moyens et du genre de culture, enfin le manque d'eau pour arroser les terres sont autant de causes de ruine pour le colon de l'Algérie, et ces causes nous les avons rencontrées presque partout.

Lorsque l'État a voulu prendre l'initiative de la colonisation, les chefs militaires auxquels ce travail a été confié ont eu surtout en vue d'occuper les points qui devaient assurer la possession et la pacification. Nous ne voulons pas contester l'importance de cette préoccupation, mais nous devons constater l'influence qu'elle a exercée sur le choix des lieux où les villages ont été établis, car on a tout fait pour la stratégie, rien pour le succès de la colonisation.

Les secours donnés par l'État ont été ou mal répartis ou insuffisants.

Les colons livrés à eux-mêmes n'ont eu ni direction ni enseignements.

Et, comme s'il eût fallu que rien ne manquât à l'expérience et que nous dussions passer par toutes les épreuves avant d'arriver à une bonne colonisation, aux fautes qui avaient déjà produit des résultats déplorables sont venues se joindre de nouvelles fautes et de nouveaux malheurs. La France regrettera longtemps la pensée qui a présidé à l'installation des colons envoyés en Afrique en 1848.

Disons-le, c'est la vérité, la colonisation de l'Algérie n'a été que le prétexte de cette mesure ; on a seulement voulu éloigner de Paris et de Lyon quelques milliers d'hommes qu'on croyait dangereux : pensée funeste qui n'a rien fait pour la pacification de nos grandes cités, qui coûte déjà plus de quinze millions à la France et n'a produit jusqu'à présent que misère et déception.

Rien ne peut donner l'idée de l'imprévoyance, de la précipitation avec lesquelles on a opéré l'installation de ces colons. On les a poussées si loin que bien souvent les convois partaient de Paris sans qu'on en fût informé à Alger. Quelquefois les colons étaient embarqués à Marseille et les travaux pour les recevoir n'étaient pas commencés ; d'autres arrivaient en Afrique avant que le lieu où ils devaient être établis fût désigné.

Et pourtant la majeure partie de ces colons était composée d'hommes honnêtes et laborieux ; la misère les obligeait à quitter la France, ils partaient pleins d'espoir dans l'avenir, mais ils ne se dissimulaient pas que pour conquérir une position plus heureuse, ils ne devaient s'épargner ni peines ni fatigues. Je les ai vus à l'œuvre et je puis dire que, s'ils ne réussissent pas, c'est que tout autre aurait échoué comme eux, car ils ont été placés, presque tous, dans des conditions de succès impossibles. J'ai entendu souvent les officiers chargés de les diriger, déplorer par avance le sort qui attendait ces malheureux.

On a dit et répété que, si les colons Parisiens et Lyonnais ont échoué, c'est parce que leur ancienne profession était antipathique avec la culture des terres, et qu'on ne fait pas de l'agriculture avec des maçons, des charpentiers, des orfèvres et des graveurs. Cela est vrai, mais ce n'est là qu'une des causes et la moins importante des malheurs des colons, car un ouvrier laborieux et intelligent comme l'était la majeure partie de ceux qui sont allés en Afrique se fait vite aux travaux de la terre, il faut qu'on le sache; placés dans les mêmes conditions, les laboureurs les plus diligents auraient échoué comme eux.

Nous ne voulons faire peser sur personne la responsabilité de ces fautes; nous étions à cette époque dans un de ces moments de crise où l'erreur la plus grossière trouve créance et se propage. Une préoccupation malheureuse était dans tous les esprits; on pensait que du départ des colons dépendait la tranquillité de Paris et comme toujours on a sacrifié à la peur; de là cette précipitation, cause première de toutes les fautes commises. Les officiers qui ont été chargés de ce service en Afrique ont fait les plus grands efforts pour suffire à la tâche qui leur était confiée, mais on n'improvise pas un directeur de colonisation. Soldats courageux, comptables habiles, ils pouvaient devenir agronomes si on leur eût donné le temps indispensable pour apprendre cette science nouvelle pour eux. Le temps leur a manqué; leur intelligence et leur activité n'ont pu suppléer au défaut d'expérience.

On le voit, bien des fautes on été commises en Afrique, les unes s'expliquent par la nécessité de la guerre, les préoccupations de la conquête; nous venons de dire à quelle cause les autres doivent être imputées; nous laissons au lecteur le soin de l'apprécier, mais nous devons ajouter que, si à la rigueur il est permis de jeter un voile sur le passé, de pareils faits, s'ils se renouvelaient, seraient impardonnables. La guerre est finie, la France est tranquille, l'argent ne manque pas, l'expérience est faite; tout enfin concourt au succès de la colonisation; il n'est plus permis de se tromper.

Tout nous fait espérer que nous touchons enfin au moment où la question de la colonisation de l'Algérie va être traitée mûrement, sérieusement, comme elle mérite de l'être. L'Assemblée législative et le pouvoir exécutif ont pris l'initiative de sages et utiles mesures, qui, si elles sont menées à bonne fin, ne peuvent manquer de donner de bons et utiles résultats.

Déjà une commission, envoyée en Afrique pour examiner la situation des colons et l'état de la culture, est de retour de sa mission, et M. Reybaud, son rapporteur, a publié le résultat de ses investigations.

Dans son rapport, savamment écrit, M. Reybaud a eu, peut-être, le tort de ne pas conclure ; surtout il n'a pas assez insisté sur ce que nous appellerons *les questions pratiques*, c'est-à-dire sur la *nature* et le *genre* de culture qui conviennent au sol de l'Algérie, et sur les moyens qui peuvent en rendre le succès facile ; mais le travail de cette commission aura pour effet de faire connaître les ressources immenses de ce beau pays, et d'appeler l'attention de la France sur cette contrée qui peut devenir pour elle une source inépuisable de bien-être et de richesses.

Après une discussion à laquelle ont pris part des hommes éminents de l'Assemblée législative, une commission a été nommée ; elle est chargée de préparer la réforme des tarifs de douane de l'Algérie (1).

Le ministre de la guerre a aussi formé une commission qu'il a chargée de réviser et coordonner les lois et ordonnances qui régissent aujourd'hui notre possession.

Cette réforme indispensable était réclamée depuis longtemps par les administrateurs et les colons de l'Algérie ;

(1) Cette commission a terminé son travail, le rapport a été déposé. Elle propose des modifications utiles mais insuffisantes, la discussion publique aura pour effet de faire mieux connaître les besoins de l'Algérie, et par suite de rendre plus complet et plus profitable le travail de la commission.

elle contribuera puissamment à la prospérité de nos possessions.

Enfin, dans son rapport sur l'assistance publique, M. Thiers annonce à la Chambre qu'une sous-commission élabore un projet de colonisation pour l'Algérie ; c'est là une bonne pensée à laquelle on ne saurait trop applaudir.

Quelques idées émises par M. Thiers, dans le rapport dont je viens de parler, m'ont amené à penser qu'un projet de colonisation, dont le gouvernement prendrait l'initiative et la direction, aurait quelque chance d'être accepté, car il va jusqu'à dire que *la colonisation n'est possible qu'avec le concours de l'État.*

Cette affirmation, qui était dans ma pensée, a acquis, en passant par la bouche de l'habile rapporteur, une influence et une portée qu'il n'était pas en mon pouvoir de lui donner. Aussi je n'hésite pas à publier mon projet de colonisation ; il est le résultat d'une longue expérience et d'une étude consciencieuse et approfondie ; mais il n'est réalisable que si l'État consent à en prendre la direction et l'initiative ; il y avait là une difficulté que la commission dont M. Thiers est l'organe a résolue.

VI

L'examen des fautes commises en Afrique et des obstacles qui ont paralysé les efforts des pe miers colons, prouvera que le mauvais choix des lieux où ils ont été placés, l'ignorance des moyens et du genre de culture, le manque absolu d'enseignement et de direction, sont la cause première et principale des malheurs que nous déplorons aujourd'hui.

On a dit souvent que le sol de l'Afrique était propre à toutes les cultures, que sa fécondité était au-dessus de toute expression ; cela est vrai, mais à une condition, c'est que partout les colons auront de l'eau en quantité suffisante pour arroser tout au moins une partie des terres qui leur seront concédées.

Bien d'autres, avant nous, avaient signalé ce besoin, dont jusqu'à présent on n'a tenu aucun compte.

M. le général Bedeau. dans un rapport adressé au maréchal Bugeaud en 1847, dit : « Pour que le colon réus- « sisse, il faut lui donner des terres généralement irrigables. »

M. Fortin d'Ivry avait écrit avant lui : « On ne se fait « pas l'idée de l'activité et de la force de végétation *déve-* « *loppée par l'eau* et la chaleur. En Algérie, on peut obte- « nir, par ce moyen, deux ou trois récoltes chaque an- « née... Aux environs d'Alger, les Mahonnais louent ces « terres 1,000 à 1,500 fr. l'hectare, etc... »

Le général de Bourjolly, parlant du prix que les Arabes attachent aux fontaines et aux irrigations, s'exprime ainsi : « Ils ont apprécié les mains prévoyantes qui semaient de « canaux et de fontaines ce sol aride et brûlé, amenaient « l'eau où elle n'avait jamais été, et *faisaient produire à la* « *terre ce qu'elle n'avait jamais produit avec tant d'abon-* « *dance.* »

Tous ceux qui ont écrit sur l'Algérie ont insisté sur les avantages de l'irrigation des terres. Enfin, quand on parcourt ce pays, dans chaque vallée on rencontre les ruines d'anciens barrages construits par les Romains.

Malgré ces sages avis, tant de fois répétés par les vivants et par les morts, et que tout nous faisait une loi d'écouter et de suivre, excepté le village de Saint-Denis-du-Sig, nous n'avons pas trouvé un seul centre de population, où l'on puisse arroser plus de quinze à vingt ares de terre ; et ceux-là sont rares et privilégiés, car le plus grand nombre n'a qu'un puits ou une fontaine, dont les eaux suffisent à peine aux besoins des ménages et des bestiaux; pour quelques-uns on a dû creuser à grands frais un puits à trente ou trente-cinq mètres de profondeur, pour trouver une eau saumâtre, mauvaise au goût et impropre aux besoins domestiques. Dans ces conditions, le succès des colons était impossible ; et si une chose doit surprendre, c'est que leur ruine n'ait pas été plus prompte et plus terrible.

Les Romains, nos devanciers en Afrique et nos maîtres en colonisation, savaient autrement que nous exploiter ce beau pays; ils n'avaient pas laissé un cours d'eau sans barrage, une plaine sans un système d'irrigation. Un fragment de pierre, trouvé sur les bords du Sig, prouve, par les mots qu'il porte, le prix qu'ils attachaient à l'irgation :

NUMINI COLONIÆ

GENIO FLUMINIS.

« Au génie du fleuve, divinité tutélaire de la colonie. »

Ce génie tutélaire, cette eau si précieuse en Afrique, sans laquelle rien n'est possible, qu'a-t-on fait pour l'avoir? Rien ! et pourtant tout indiquait que c'était seulement par elle qu'on obtiendrait une colonisation riche et florissante.

De ce qui précède, il ne faudrait pas conclure que toute terre qui ne sera pas arrosée sera improductive. Les céréales, et dans certaines contrées la vigne, donneront au contraire, sans arrosage, des produits abondants et de bonne qualité, lorsque la culture en sera faite avec soin et intelligence; mais il faut bien savoir que le colon européen, qui ne produira que du blé et de l'orge, sera bientôt ruiné en Afrique. En effet, l'Arabe, qui n'a presque pas de besoins, qui compte son travail pour rien, et qui n'a pas de capital engagé, sera toujours un concurrent redoutable ; car il produit les céréales à 60 ou 80 p. 0 [0 meilleur marché que nous. L'Européen doit donc se livrer, en Algérie, à des cultures riches et industrielles, à des plantations productives, et il ne peut le faire que lorsqu'il aura des terres arrosées.

Voici ce que dit, à ce sujet, un des auteurs déjà cités : « Toutes les terres labourables produisent des céréales, « mais ce n'est pas cette culture qui doit être entreprise « par les Européens. L'Arabe les produit à bon marché ; « il en produit beaucoup. L'Européen ne peut pas essayer « de faire concurrence à son travail. Le prix des céréales, « produites par lui, serait toujours plus élevé que les mer- « curiales d'aucun des marchés actuels. Ce sont les cul- « tures riches et industrielles, les plantations produc- « tives, que l'Européen doit entreprendre ; pour qu'il « réussisse, il faut lui donner des terres généralement ir- « rigables. »

Nous ajoutons que si les colons européens devaient se borner à la culture des céréales, mieux vaudrait cent fois, dans l'intérêt de la France, ne pas les envoyer en Afrique, et laisser aux indigènes le soin de produire les orges et les blés. Car l'État, dans le but de protéger le cultivateur européen contre la concurrence des Arabes, s'impose tous les ans des sacrifices considérables, qui, pourtant n'empêchent pas la ruine des colons ; et ces sacrifices, c'est la culture exclusive des céréales qui l'oblige à les faire.

Au manque d'eau, viennent se joindre, presque partout, dans les lieux où les colons ont été placés, les difficultés du défrichement ; il eût été prudent, et il était possible d'épargner ces fatigues et ces frais énormes aux colons.

Dans certaines parties de l'Afrique, le sol est partout couvert de palmiers nains. La racine de cette plante a avec la terre une adhérence telle, que les instruments aratoires, quelle que soit leur puissance, ne peuvent l'en détacher. Ce n'est qu'à force de bras qu'on parvient à l'extraire du sol. Pour faire comprendre l'importance et la difficulté de ce travail, nous dirons : Que dans les terrains argileux, où le sol durcit et offre une grande force de résistance, un hectare de terre, couvert de palmiers nains, coûte, pour le défrichement, mille francs ; et que, dans les terrains sablonneux, la dépense est de quatre cents francs, soit, en moyenne, sept cents francs l'hectare. Réduisant ce chiffre en journées de travail et comptant le prix de la journée à deux francs cinquante centimes, on trouve qu'un ouvrier doit travailler DEUX CENT QUATRE-VINGTS JOURS pour défricher un hectare ! Plusieurs villages ont été établis sur des terres couvertes de palmiers nains, quand il eût été facile de les placer dans des plaines où il y a de l'eau, et où il n'y a que très-peu ou point de palmiers.

Après ce que nous venons de dire, il est inutile d'ajouter que les colons manquant d'eau pour arroser et placés sur des terres dont le défrichement exige presque une année de travail par hectare, ont épuisé, sans résultat, leurs forces et leurs ressources. Heureux encore lorsque leur santé a resisté aux privations et aux fatigues qu'ils ont supportées !

Et qu'on ne suppose pas qu'il y ait rien d'exagéré dans nos affirmations, nous pourrions au besoin désigner les villages où un seul puits de trente mètres de profondeur donne aux habitants de l'eau saumâtre très-désagréable au goût et en quantité à peine suffisante pour les besoins des ménages, d'autres sur le sol desquels il est impossible de faire un pas sans rencontrer un palmier nain !

Jusqu'à présent, les colons n'ont cultivé en Afrique que l'orge et le blé. Les plus intelligents ont planté des vignes. Soit ignorance, soit manque de ressources suffisantes, la culture n'est pas allée au-delà de la vieille routine de France, et encore cette culture a-t-elle été faite beaucoup plus mal en Algérie que dans la métropole.

Ainsi, dans un pays qui peut produire abondamment les plantes industrielles les plus riches, telles que tabac, sésame, coton, canne à sucre, etc., etc., on s'est borné à ensemencer de l'orge et du blé ; aussi le colon, au lieu de prospérer, a vu sa misère s'accroître de jour en jour, et l'État n'a pu empêcher sa ruine malgré des sacrifices considérables.

Pour faire comprendre l'importance des sacrifices dont nous parlons, et les résultats qu'amène après elle la culture exclusive des céréales, je citerai entre mille un fait qui s'est passé sous mes yeux.

En 1848, le gouvernement acheta presque toute la récolte des colons européens au prix de vingt-quatre francs les cent kilos de blé et quatorze francs les cent kilos d'orge ; cette même année l'Arabe vendit son blé quatorze francs et son orge sept francs les cent kilos. On peut apprécier la perte que fit l'administration, et pourtant le colon ne fut pas plus heureux, car suivant sa coutume il avait mal cultivé ses terres et son revenu fut très-modique. A cette même époque un hectare de terre, cultivée en tabac auprès de Blidah, donnait au propriétaire douze cents francs de revenu net *et ne coûtait pas un centime à la France.*

Par ce fait qui ne sera pas contesté, on peut juger des avantages de la culture des plantes industrielles, des sacrifices que le colon coûte à l'État et de la misère qui l'attend s'il se borne à produire des céréales.

Mais il ne suffisait pas de dire au colon qu'il pouvait et devait cultiver en Afrique, en même temps que les céréales, les plantes industrielles que ce pays peut produire : il eût fallu encore le placer dans de bonnes conditions et lui apprendre cette culture, le guider, le diriger dans ce travail.

Or, voici comment on a procédé jusqu'à présent. Soit

que le village ait été bâti aux frais de l'État et par lui, soit qu'il y ait concouru par un secours donné aux colons, partout le cultivateur a été abandonné sans guide et sans conseil. Quand il l'a demandé, on lui a prêté des bœufs, une charrue, des grains pour les semences ; puis on l'a laissé agir suivant son gré et sa volonté. Livré à lui-même, à son ignorance, à sa vieille routine, il a cultivé suivant ses goûts et ses caprices et a commis bévue sur bévue.

Il faut qu'on le sache, le cultivateur européen qui va en Afrique n'a sur les ouvriers des villes d'autre avantage que d'avoir habitué son corps aux fatigues des travaux des champs. Son éducation de cultivateur africain est toute entière à faire. Le sol, le climat, la chaleur et les pluies d'Afrique ne ressemblent en rien aux terres, au climat, à la température de France. Les modes de culture que l'expérience ou la tradition ont enseignés aux cultivateurs européens ne sont pas ceux qui conviennent aux terres de l'Algérie. Cette expérience très-peu utile pour la culture des céréales ne sert à rien pour la culture des plantes industrielles, et nous savons que c'est précisément à produire ces plantes que le colon doit s'appliquer.

De ce manque d'enseignement et de direction il est résulté que les colons, ayant cultivé la terre de l'Algérie, comme ils cultivent la terre de France n'ont rien produit ; bien plus comme on leur avait vanté outre mesure la fécondité de ces terres ; comme les influences de ce nouveau climat avaient réagi sur eux : soit que leurs forces aient été affaiblies, soit excès de confiance dans la richesse du sol, ils n'ont pas travaillé leurs terres aussi bien qu'en France, et souvent ils ont laissé ce soin aux Arabes. Enfin, faute de bestiaux les engrais ont manqué. La terre n'a reçu qu'un labour, rarement deux, jamais du fumier et tous les ans on a demandé à la terre une nouvelle récolte. Les effets de cette mauvaise culture n'ont pas tardé à se produire. Les herbes parasites ont envahi les champs. Cette année, dans la subdivision de Mostaganem, on a récolté beaucoup plus d'ivraie que de blé.

Par ignorance des ressources qu'offrent les terres d'Afrique et des plantes que ces terres peuvent produire, les colons ont borné leurs travaux à la culture des céréales; ils l'ont mal faite; ils sont restés pauvres et malheureux.

Et si quelques-uns ont su que le sol africain pouvait produire des plantes industrielles, ils n'ont pu se livrer à cette culture car ils n'avaient personne pour la leur enseigner; ceux-là comme les premiers n'ont produit que des céréales; comme eux aussi ils sont restés pauvres et malheureux.

VII.

Aux causes que nous venons d'indiquer, dont une seule eût suffi pour faire échouer la colonisation et qui se sont trouvées partout réunies, nous devons ajouter la pénurie d'argent, tous les colons en ont manqué, le prix élevé de la main d'œuvre, l'usure et les maladies qui partout ont paralysé leurs efforts.

Grands et petits, cinq ou six exceptés, on peut dire qu'il n'y a pas en Afrique de colon qui ait eu à sa disposition des ressources financières suffisantes; presque tous sont arrivés sans argent; un très petit nombre ont pu, sans recourir à l'emprunt, bâtir sur la terre qui leur était concédée une maison, un abri. Après cet effort, toute ressource a été épuisée, et pour vivre et travailler il a fallu recourir à l'emprunt. On le sait, dans l'état actuel de nos lois sociales tout propriétaire qui emprunte est par ce seul fait ruiné; en Afrique cette ruine est non-seulement tout aussi certaine mais encore plus prompte qu'en France. Là, l'argent est considéré comme marchandise, il se vend sans cours légal et sans règle, suivant la rapacité du détenteur et les besoins de l'emprunteur; le taux de quinze pour cent est le plus ordinaire et le plus modéré; il n'est pas rare de trouver des placements hypothécaires faits à vingt, vingt-cinq et jusqu'à trente pour cent. Comme il n'est pas un seul colon qui n'ait été obligé d'emprunter à ces conditions, il n'en est pas un qui ne soit ruiné.

Le manque d'argent et l'usure ont forcé le colon à vivre de privations ; au lieu d'un logement sain et bien abrité, il a dû se contenter d'une baraque insalubre et mal bâtie qui ne l'a garanti ni des fortes chaleurs ni des pluies torrentielles. Au lieu d'une nourriture saine et abondante, nécessaire pour réparer les forces que le travail et la chaleur usent si vite, il n'a eu le plus souvent pour toute nourriture que du pain noir et de l'eau pour boisson. Lorsque pour se préserver des effets de l'acclimatation il aurait eu besoin de soigner et de ménager sa santé, il a aggravé son état par un travail constant et pénible, et par des privations de toute sorte. Aussi les fatigues et le dénuement ont eu bientôt épuisé ses forces et sa santé ; heureux encore lorsque par un prompt retour en France il a pu fuir ce pays où il avait tant souffert !...

Tout le monde comprendra les conséquences du haut prix de la main-d'œuvre, lorsque nous aurons dit que le blé vendu seize francs l'hectolitre, grâce aux sacrifices que l'administration faisait pour venir au secours de ces malheureux colons, leur coûtait au moins quinze francs. Car pour préparer les terres et faire la moisson ils avaient employé des ouvriers qu'ils payaient en moyenne à raison de trois francs cinquante centimes par jour.

Pour les villages auxquels le gouvernement a concouru par un secours aux colons, comme pour ceux dont il a fait tous les frais; nous avons remarqué, que les secours ont été presque toujours insuffisants, que les travaux d'appropriation ont été faits tantôt mal, tantôt tardivement.

Il nous suffira de dire ce qui s'est passé, à la Stidia et à Saint-Denis-du-Sig, pour justifier notre critique sur ce point. Ces deux villages sont, tant par leur situation que par les secours ou les travaux de l'administration, dans de meilleures conditions de succès qu'aucun de ceux qui ont été créés dans la province d'Oran.

La Stidia, sur la route d'Oran à Mostaganem, est une colonie prussienne dont l'État a fait tous les frais. Il a été donné à chaque famille une maison saine et bien bâtie, avec un petit jardin attenant, et de plus une concession en terres de quatre à huit hectares suivant que la famille était plus ou moins nombreuse. L'administration a fourni en outre aux colons, à titre de prêt, des bœufs de labour, des charrues et les grains pour les semences.

Voilà certes un bien grand sacrifice, il a été pourtant insuffisant.

On le savait, les Prussiens sont arrivés en Afrique sans argent, sans ressources ; ils ont prouvé leur bonne volonté en se mettant à l'œuvre avec ardeur. Mais pour travailler il ne suffit pas d'avoir un bon logement, des bestiaux et des charrues, il faut pouvoir se nourrir, le pain a manqué. Pour satisfaire à ce besoin impérieux, les colons ont dû chercher une occupation qui leur donnât une ressource immédiate et par conséquent abandonner la culture de la terre qui pendant un an leur eût fait attendre ses produits : voici ce qui est advenu.

Aux environs de la Stidia le pays est un peu boisé, les Prussiens coupent aujourd'hui ces bois et en font du charbon qu'ils vont vendre à Mostaganem. Ainsi de cultivateurs ces colons sont devenus charbonniers. Et maintenant lorsqu'on arrive dans ce village qui de loin avec ses maisons blanches et coquettement rangées apparaît au voyageur comme une colonie riche et florissante, on ne trouve partout que misère et solitude, la majeure partie des terres est en friche, le jardin qui avoisine la maison n'est pas même cultivé. Si quelques malheureux, rares et maladifs, se montrent encore sur le seuil de leurs demeures, on voit bien vite leur misère et leurs souffrances ; le reste de la population est dans les bois ou à Mostagnanem, menant une vie rude et misérable, et se nourrissant seulement de pain noir et de café.

Il faut bien le dire, la triste situation de ces hommes n'est pas le seul malheur que nous ayons à déplorer à la Stidia ; les bois sont d'autant plus précieux en Afrique qu'ils sont plus rares ; par le libre parcours et plus encore par la détestable coutume de brûler tout ce qui croît sur les terres qu'ils veulent ensemencer, les Arabes ont empêché les arbres de prospérer et de se multiplier. La misère fait continuer aux Prussiens l'œuvre de destruction des Arabes. L'administration, retenue par un sentiment d'humanité, recule devant la répression qui seule pourrait empêcher cette dévastation, et ce pays, déjà si aride, voit tous les jours ses sources tarir par le fait du déboisement.

La Stidia a une fontaine qui fournit de l'eau en quantité suffisante pour les besoins des ménages et des bestiaux ; les terres n'y sont pas arrosées, par conséquent il n'y avait pas lieu d'espérer que cette colonie pût jamais atteindre le degré de richesse et de prospérité que d'autres centres de population jouissant de cet avantage pourront acquérir un jour. Pourtant comme ce village est traversé par une route fréquentée, que les terres sablonneuses et d'un travail facile sont propres à la culture des céréales, et que les défrichements peuvent se faire à la charrue, car il n'y a pas de palmiers nains, on pouvait penser avec raison que les colons qui y ont été placés jouiraient d'une honnête aisance ; il en eût été ainsi infailliblement si on avait pourvu aux besoins des colons jusqu'au moment où les terres qu'on leur donnait en friche auraient produit des récoltes. Si l'on me dit que l'État a assez fait pour eux en leur donnant une maison, des terres, des bestiaux et des instruments aratoires, je répondrai que personne n'a pu ignorer que ces malheureux n'avaient que leur travail pour suffire à leurs besoins quand ils sont allés en Afrique, et que les terres qu'on leur concédait ne pouvaient les nourrir que deux ans après leur installation, que pendant ces deux années il fallait vivre et que, la culture ne leur en fournissant pas les moyens, ils ont dû les chercher ailleurs. Il est résulté de cela qu'une dépense considérable a été presque perdue, et que cent familles souffrent parce que on a lésiné devant un surcroît de dépenses qui n'étaient rien comparées au sacrifice déjà fait. Mieux eût valu cent fois, on en conviendra, laisser les colons chez eux, et épargner l'argent ainsi dépensé en pure perte.

Voilà ce qu'a produit l'insuffisance des secours, nous allons dire ce qui est advenu par suite des travaux incomplets ou faits tardivement.

D'ici à trois ans, si les soins ne manquent pas, la colonie de Saint-Denis-du-Sig sera riche et florissante. Cette plaine est recouverte d'une couche de terre végétale profonde et productive ; le barrage établi sur le Sig donne le moyen d'arroser trois mille cinq cents hectares ; les colons de Saint-Denis sont aujourd'hui dans des conditions telles que le succès est presque certain.

Mais il n'en a pas été toujours ainsi, ils ont eu leurs mauvais jours. Le barrage et le canal d'irrigation étaient à peine commencés que déjà les colons, qui ont tout au moins l'instinct de l'effet bienfaisant des eaux sur les terres d'Afrique, arrivaient en foule et demandaient des concessions ; ils furent bientôt établis. Les irrigations commencèrent, la plaine fut inondée, MALHEUREUSEMENT *on avait oublié* qu'il fallait laisser aux eaux un épanchement ; le courant venant à manquer, il se forma de grandes mares, le soleil et l'eau produisirent bien vite la décomposition des plantes végétales, et firent naître des germes putrides de fièvre qui en peu de jours décimèrent la population. Les hôpitaux d'Oran se remplirent de malades et on fut un moment sur le point d'abandonner cette plaine , une des plus fertiles et des plus avantageusement situées de toute l'Algérie.

Nous n'avons pas besoin de pousser plus loin l'examen des fautes commises en Afrique dans tout ce qui est relatif à la colonisation. Nous avons indiqué les principales et justifié notre critique, il suffira d'une apparition sur les lieux et d'un moment d'examen pour connaître les autres et s'en garantir ; pour entrer dans,de plus grands détails, il faudrait avoir un cadre moins restreint que celui que nous nous sommes tracé.

Nous avons hâte d'arriver à l'exposé des règles à suivre pour obtenir une colonisation heureuse et florissante.

Le lecteur sait déjà que pour arriver à ce résultat , il faut :

Choisir avec le plus grand soin les lieux où les colons doivent être établis ;

Leur donner l'eau en abondance tant pour les besoins des ménages que pour l'irrigation des terres ;

Les instruire et les diriger ;

Leur fournir des secours suffisants jusqu'au moment où la terre pourra les nourrir.

TROISIÈME PARTIE.

VIII.

L'État, le capital et les travailleurs devront concourir à la colonisation de l'Algérie.

L'État, pour désigner les lieux où les centres de population seront établis, ouvrir les routes, construire les barrages, creuser les canaux d'irrigation, enfin établir des fermes-écoles. Par l'impôt, il sera largement indemnisé de ses dépenses, et sans autre sacrifice qu'une avance de fonds dont le remboursement est assuré, il aura donné à la France de nouvelles et importantes ressources ; à l'Algérie, l'abondance et la paix.

L'action du capital, comme celle des travailleurs, n'a pas besoin d'être définie : il suffira de dire que le premier doit pourvoir à tous les besoins des cultivateurs, et ceux-ci à tous les travaux de culture, jusqu'au moment où les terres donneront à l'un une suffisante compensation de ses sacrifices, à l'autre, la juste récompense de son travail.

Telle sera, telle aurait dû être la colonisation. C'est parce qu'on n'a pas pratiqué cette mutualité, indiquée depuis longtemps comme la règle de conduite la plus sûre, que les colons ont échoué dans leur entreprise.

Mais ce triple concours ne peut être obtenu aujourd'hui. Nous l'avons dit, les fautes commises ont eu pour résultat des misères si grandes que toute confiance est perdue. Le capital n'interviendrait pas. Cet élément puissant, indispensable, se retire vite des entreprises qui échouent; et pour le ramener, après un échec, des téories nouvelles et des affirmations sont insuffisantes : il faut prouver par le succès que le succès est possible.

Bien d'autres ont dit avant nous que l'insuccès des premiers colons ne peut être attribué ni au sol ni au climat de l'Algérie; que la terre est fertile, que le climat est sain. Ces affirmations n'ont pas amené un écu en Afrique. La confiance ne se rétablira que lorsqu'une expérience pratique aura démontré que la colonisation présente, comme placement de fonds, des avantages et des garanties qu'on ne trouve pas dans bien d'autres spéculations.

Aujourd'hui l'État peut seul faire cette preuve. Les colons ne manqueront pas ; mais il doit suppléer à l'absence du capital. Le décret de l'Assemblée constituante, qui a ouvert un crédit de 50 millions, destinés à la colonisation de l'Algérie, lui en donne les moyens; et le projet que nous soumettons à son approbation a cela d'avantageux que les colons seront tenus de rembourser toutes les dépenses qui seront faites, tant pour leur logement que pour leur nourriture.

Ce remboursement, qui est à la fois juste, nécessaire et facile, sera fait, en capital et intérêts calculés à quatre pour cent, au moyen d'un amortissement de un franc pour cent, et par année.

Ce remboursement est juste, parce que les fonds de l'État, qui sont fournis par tous, ne doivent jamais être employés qu'au profit de tous. Les colons d'Afrique seront soumis au payement des impôts, comme les travailleurs de la métropole. A ce titre, on leur doit des routes, des canaux, etc.; mais rien ne leur confère le droit d'être logés et nourris aux frais du trésor public ; et si on leur donne un logement, la nourriture, ce ne peut être qu'un prêt qu'ils doivent rembourser.

Il est nécessaire, parce que si ce remboursement n'était pas exigé, les colons qui viendraient plus tard en Afrique, associés avec des capitalistes, seraient dans des conditions beaucoup plus dures que celles où se seraient trouvés les premiers. Ce privilége, cette inégalité, qui ne doit pas exister, nuirait au succès de la colonisation.

Ce remboursement sera facile ; nous prouverons que lorsque les terres d'Afrique seront cultivées avec soin et intelligence, le rapport moyen sera de trois à quatre cents francs par hectare, et que l'intérêt et l'amortissement ne s'élèveront pas à plus de vingt francs par an et par hectare.

Ceci posé, et demeurant bien entendu que nous ne proposons de faire un essai sans le concours des capitalistes que par exception et par nécessité, nous allons indiquer la marche à suivre pour garantir les nouveaux colons contre toute chance mauvaise, et assurer ainsi le succès de la colonisation future.

Les règles que j'indique ne sont pas applicables seulement à l'essai que je propose de faire par l'État ; elles seront surtout utiles et profitables lorsque la colonisation sera faite avec le concours de l'État, des travailleurs et des capitalistes.

IX.

Pour être sérieux et profitable, l'essai doit se faire sur une grande échelle, et simultanément dans les trois provinces.

Nous proposons de placer trois mille colons dans la province d'Oran, trois mille cinq cents dans celle d'Alger et trois mille cinq cents dans celle de Constantine ; en tout dix mille. Nous prenons ce chiffre pour base de nos appréciations.

Ces dix mille colons, pris : trois cinquièmes parmi les ouvriers de France, tous mariés et pères de famille, un cinquième parmi les soldats de l'armée d'Afrique, libérés du service, un cinquième chez les Arabes indigènes, seraient répartis dans douze villages, quatre pour chaque province.

Dix mille colons représentent deux mille cinq cents familles de quatre personnes. En tenant compte des militaires non encore mariés, cette évaluation me paraît exacte.

On attribuerait à chaque famille une concession proportionnée au nombre d'individus dont elle serait composée, et selon une moyenne de cinq hectares par famille, soit douze mille cinq cents hectares pour les douze villages, répartis de la manière suivante :

  3,500 h. dans la province d'Oran.
  4,500 » dans la province d'Alger.
  4,500 • dans la province de Constantine.
  <u>   </u>
  12,500 hectares.

Au lieu d'éparpiller les quatre villages, je voudrais que dans chaque province ils fussent groupés sur un même point.

Autour de chacun de ces groupes, il serait réservé des terres en quantité suffisante pour établir dix grandes fermes de cinquante à deux cents hectares et des pâturages ou communaux. Les premières seraient destinées à l'industrie privée, les seconds au service des colons. Cette réserve serait de seize cents hectares environ par province.

Dans le voisinage de ces groupes, et à portée des fontaines abreuvoirs, dont je parlerai bientôt, il serait utile et politique de placer des tribus arabes ; des concessions gratuites et le voisinage des eaux assureraient leur concours.

Les colons seraient embarqués vers la fin du mois de février 1851 ; d'ici à cette époque, le ministre de la guerre ferait rechercher, par des hommes spéciaux, les points les plus favorables à l'établissement des divers centres de population. Ces mêmes hommes seraient chargés de dresser les plans et devis des travaux à exécuter pour les barrages et les canaux d'irrigation, le nivellement des terrains arrosables et le dessèchement des marais, la construction des maisons, des fontaines et des abreuvoirs.

Enfin, et dans le cas où le tracé d'une route n'aboutirait pas déjà au lieu désigné pour l'établissement des nouveaux colons, ce tracé serait fait de manière à relier les centres de population à la ville du littoral la plus rapprochée.

Chacune des propositions que je viens d'émettre se justifie par le simple énoncé. Pourtant, et pour prévenir toute objection, je vais dire brièvement les avantages qu'elles présentent et les motifs qui me les font admettre comme point de départ de mon travail.

DU NOMBRE DES COLONS.

L'essai que nous proposons de faire doit avoir pour résultat d'appeler *à la colonisation* de l'Algérie l'industrie privée, que les pertes éprouvées par les premiers colons ont éloignée. Ce résultat ne serait pas obtenu si l'on se bornait à établir un seul centre de population de quelques centaines d'individus ; il ne pourra plus être contesté, lorsque dix mille colons auront réussi à la fois et dans les trois provinces.

CHOIX DES COLONS.

On peut et on doit rendre notre essai profitable aux ouvriers qui souffrent en France, aux soldats qui ont rendu des services ; nous devons nous en servir surtout comme moyen de pacification de l'Algérie. Voilà pourquoi je demande que les colons soient pris parmi les ouvriers français, les militaires libérés du service et les indigènes.

IMPORTANCE DE LA CONCESSION.

Une famille composée de quatre personnes suffira à la culture de cinq hectares de terre ; elle pourra, en outre, utiliser quelques journées au service des grands concessionnaires ; le prix de ces journées sera souvent d'un grand secours pour les colons.

NÉCESSITÉ D'ÉTABLIR DES GRANDES CONCESSIONS A COTÉ DES VILLAGES.

En observant les essais de culture faits jusqu'à ce jour, on remarque que le prix de la main-d'œuvre est resté très-élevé en Algérie, et que l'ouvrier y est fort rare. Si la promesse d'un bon salaire attire partout les travailleurs, ils ne devraient pas manquer en Afrique, car le prix de la journée y trés-élevé ; pourtant il n'est pas rare de trouver un grand propriétaire qui, faute de bras, est obligé de laisser ses terres en friche ; des colons malheureux qui souffrent du manque de travail. Ceci paraîtra extraordinaire à ceux qui ne connaisssent pas l'Algérie ; on le comprendra mieux quand on saura que les villages et les concessions se trouvent disséminés sur une immense étendue de pays, n'ayant souvent entre eux ni rapports ni adhérence ; qu'il n'existe que très-peu de routes tracées, ce qui rend les communications rares et difficiles, d'où il résulte que les propriétaires ignorent où sont les travailleurs et ceux-ci où est le travail. Rien de semblable ne peut arriver, si l'on place les grandes concessions comme nous le demandons. Propriétaires et travailleurs seront ainsi à proximité les uns des autres. Il est inutile d'insister sur les avantages qu'ils doivent retirer de ce voisinage ; on comprend en effet qu'il est dans la vie du colon une infinité de besoins qu'il ne peut satisfaire qu'avec le prix de son travail. Ce travail, il l'aura près de lui, à sa portée, comme aussi le propriétaire, placé à côté d'un centre de population de trois à quatre mille habitants, trouvera toujours à des prix modérés des ouvriers habiles et laborieux.

RÉUNION DES VILLAGES PAR GROUPES.

Nous demandons que les villages soient réunis par groupes. Cette combinaison nous semble offrir de grands avantages.

1° Lorsque les centres de population seront à proximité les uns des autres, ils présenteront une force imposante, qui les mettra à l'abri de toute tentative hostile de la part des Arabes.

2° On sait déjà que, pour coloniser l'Algérie, il faut arroser les terres. Cette irrigation exigera des travaux importants, car il faudra créer des barrages et des canaux. De plus, il est indispensable de relier par une route les centres de population à une ville du littoral. Ces barrages, ces canaux, ces routes nécessiteront une dépense à laquelle l'État ne pourrait subvenir, s'il fallait la renouveler pour chacun des villages à établir en Algérie. Tout indique que ces travaux doivent être exécutés de manière à en faire profiter le plus grand nombre de colons qu'il se pourra. Dans notre projet, le même barrage, le même chemin, le même canal serviront au moins pour quatre villages.

C'est ici le cas de dire que les plaines de l'Algérie ont généralement assez d'étendue pour qu'on puisse y établir un groupe au moins, souvent deux, et quelquefois trois et quatre ; disons aussi que chaque plaine a son cours d'eau.

VACANS OU COMMUNAUX.

Nous demandons pour chaque village cent hectares de *vacans* ou communaux pour le pacage des bestiaux ; soit quatre cents hectares pour le groupe. Cette concession nous a paru nécessaire ; nous la croyons suffisante.

CHOIX DES LIEUX, ÉTUDES ET TRAVAUX PRÉPARATOIRES.

Nous avons suffisamment expliqué les effets d'un terrain mal choisi ; le lecteur sait déjà que partout où il n'y a pas de l'eau en quantité suffisante le succès des colons est impossible, et que, lorsque le sol est couvert de palmiers nains, le défrichement est très-pénible et très-coûteux. Un intérêt immense est donc attaché à la désignation des lieux où les centres de population seront établis. Le ministre ne doit confier ce travail qu'à des hommes connaissant parfaitement l'Algérie et les besoins de la colonisation.

Nous avons aussi fait connaître les résultats de la précipitation qui a présidé à l'installation des colons envoyés en Afrique en 1848. Pour prévenir le retour de semblables malheurs, nous demandons que les études soient faites dès à présent.

Les délégués du ministre, après avoir fait le choix des lieux, devront dresser les plans et devis des travaux à exécuter pour les barrages et canaux, la construction des maisons et le nivellement des terres arrosables ; une année consacrée à ce travail, permettra de le faire avec la maturité et les soins qu'il exige.

DÉPART DES COLONS.

Le mois de mars est l'époque la plus favorable pour l'acclimatation. Les grandes pluies sont finies ; les fortes chaleurs ne sont pas encore venues.

À leur arrivée en Afrique, les colons seront campés ; la tente ou les baraques ne les préservent pas suffisamment contre les pluies ou la chaleur d'Afrique. En les faisant partir à la fin du mois de février, et en les occupant tout de suite à la construction des maisons, ils seront logés convenablement à l'époque des grandes chaleurs, et leur santé n'aura pas à souffrir.

IMPORTANCE DE LEUR ADJOINDRE LES ARABES.

Dans ma pensée, tous nos efforts doivent tendre à amener à nous la population indigène ; il faut lui faire comprendre l'efficacité de notre protection, les avantages qu'elle peut en retirer. Pour cela il faut combattre ses tendances à s'éloigner de nous, en lui assurant le bien-être.

En recevant dans chaque village un cinquième d'Arabes indigènes, nous aurons beaucoup fait pour atteindre ce résultat ; en assignant aux tribus des terres dans le voisinage

e ces villages, en leur donnant l'eau dont elles ne peu-
ent se passer, nous ferons encore davantage.

Ce rapprochement, qui aurait pour résultat de fournir
ux colons des manœuvres utiles, contribuerait surtout et
uissamment à la pacification de l'Algérie. Il ne faudrait
as oublier que les Arabes ont joui du sol, seulement à ti-
e de fermiers. Les terres appartenant à quelques-uns
'entre eux, et qu'on nomme *melk*, sont très-rares. Ils con-
aissent notre intention de coloniser l'Algérie, et ils savent
ue nous avons le droit de nous emparer des terres *arches*
u'ils cultivent, mais qu'ils ne possèdent pas. De là une
rande inquiétude sur leur avenir.

Dans cette circonstance, ils considèreront comme un
ienfait un lotissement, si minime qu'il soit, pourvu qu'il
isse cesser l'état précaire dans lequel ils se trouvent placés.

Pour faire mieux sentir les avantages qui doivent résul-
:r des concessions que nous proposons de faire aux Ara-
es, nous laisserons parler le général Bedeau : « La population indigène est préparée à nous être un utile auxiliaire
de la puissance que nous voulons fonder dans le pays.
Est-il donc possible qu'on soutienne qu'il faille les re-
pousser, créer la guerre à la place de la paix, et nous
donner par système tous les embarras d'une installation
européenne isolée..... Notre tâche en Afrique présente
cette singularité toute particulière dans l'histoire des conquêtes, c'est qu'en réalité notre intérêt bien entendu,
notre intérêt égoïste, si je puis dire, nous oblige à civiliser
la population indigène, à développer et grandir son bien-
être pour assurer le nôtre..... Il faudra intéresser, s'il est
possible, le travailleur indigène à la prospérité des concessions européennes.....» Malgré ces sages avis et les con-
eils donnés par bien d'autres, on a procédé jusqu'ici, à
'égard des Arabes, comme si on avait pris à tâche de les
nécontenter. Chaque fois qu'on a établi un village, les in-

digènes ont été refoulés sans égards, sans ménagements. Aussi leur mécontentement se manifeste avec énergie, et les troubles de la province de Constantine, jusque-là si paisible, n'auraient peut-être pas eu lieu si les fautes que nous signalons n'avaient pas été commises.

Les sources sont rares en Afrique, et l'Arabe, auquel l'eau est indispensable, tant pour lui que pour ses nombreux troupeaux, les recherche et s'y attache. Et pourtant, soit ignorance, soit paresse, il ne fait rien pour se procurer l'eau dont il a tant besoin, il se contente de la prendre dans les lieux où la nature la donne. De notre côté, nous n'avons encore rien fait pour cela, et, comme l'Arabe, nous nous établissons auprès des sources. Ainsi nous avons non-seulement pris à l'Arabe, presque sans compensation, les champs qu'il cultivait, et auxquels il était attaché, mais encore nous avons été dans la nécessité de lui prendre souvent la fontaine à laquelle il attachait un plus haut prix. De là son mécontentement qui pourrait devenir un danger pour nous.

Notre projet, s'il était admis, remédierait à ce danger, qui est sérieux, en concédant à l'Arabe, en toute propriété, des terres dont il ne jouit aujourd'hui qu'à titre de fermier, et qu'il sait très-bien que nous pouvons lui prendre, on l'aura rassuré sur son avenir. En lui donnant l'eau, si précieuse en Afrique, ce qui sera facile, au moyen des barrages et des canaux que nous aurons établis, nous lui aurons rendu un service dont on peut être sûr qu'il appréciera la valeur et l'importance.

X.

J'ai exposé les principales règles que l'expérience indique comme indispensables pour arriver à une bonne colonisation.

Je dois maintenant parler de l'installation des colons, de leurs travaux, de ce qu'on doit exiger d'eux, de ce qu'on doit faire pour eux.

Je procéderai pour cette deuxième partie de mon projet comme pour la première, c'est-à-dire que j'indiquerai brièvement la direction à donner aux travaux et le mode d'exécution ; je reviendrai ensuite sur les points qui exigeront quelque développement.

Un directeur, connaissant bien la culture des plantes industrilles, les besoins et les ressources des terres d'Afrique, devrait être placé à la tête de chaque groupe et chargé de la direction des travaux.

Les terres resteraient dans l'indivision pendant quatre ans. Le travail serait obligatoire, fait en commun et conformément aux prescriptions du directeur.

Les deux premières années, l'administration fournirait aux colons les vivres : pain, viande, légumes et vin, le tout en quantité suffisante et proportionnée à la déperdition des forces occasionnée par un travail assidu et pénible ; il serait de plus accordé aux colons un salaire de quinze centimes pour chaque journée de travail, de dix centimes aux femmes et de cinq centimes aux enfants occupés.

La troisième année, le colon aurait récolté; il ne recevrait que moitié ration de vivres et moitié salaire.

La quatrième année, il devrait suffire à tous ses besoins.

Si, comme nous l'avons demandé au précédent chapitre, les lieux ont été choisis d'avance, si le plan et les devis des travaux sont terminés pour l'époque fixée pour l'envoi des colons, enfin si toutes les études ont été faites, dès leur arrivée en Afrique, les colons pourront être employés, suivant leur force et leur aptitude, soit à la construction des maisons d'habitation et des barrages, soit à la culture des terres désignées pour établir la pépinière du groupe, et dont les semis devront être faits dans le premier mois de l'installation. Puis viendront les canaux d'irrigation et le défrichement des terres, dont deux hectares au moins par famille devront être préparés pour les semenees d'octobre suivant. Enfin, les canaux d'irrigation seront commencés dès la première année.

- La deuxième année, les canaux d'irrigation et les défrichements seront continués; trois hectares de terre par famille seront ensemencés en céréales; les travaux pour l'écoulement des eaux et le nivellement des terres devront être commencés; enfin la récolte des céréales ensemencées l'année précédente sera coupée et battue.

La troisième année, on terminera les travaux pour l'irrigation et de nivellement des terres; les plantations seront faites; la pépinière fournira des arbres suffisamment venus; les prairies artificielles arrosables seront ensemencées et la culture des plantes industrielles commencera.

La quatrième année sera consacrée à la culture des plantes industrielles. Les céréales, qui seront ensemencées, n'exigeront que peu de travaux, les terres ayant été b ienpréparées les années précédentes.

Au fur et à mesure que les terres seront ensemencées, elles seront divisées et limitées, les terres non arrosables en parcelles d'un hectare, les terres arrosables en parcelles d'un demi-hectare.

Avant les semences de la quatrième année, ces terres seront partagées entre les familles des colons, par la voie la plus équitable, en ayant égard, pour ce partage, au nombre d'individus composant chaque famille, et à l'aptitude des colons, alors bien connue.

Chaque colon aura droit à une part des terres arrosables et à une part de celles qui ne le seront pas.

Si, pour quelque cause que ce soit, autre que le cas de maladie, un ou plusieurs colons refusaient de concourir aux travaux, ou si, par leur inconduite, ils troublaient l'ordre dans la commune, ils seraient, par ce seul fait, déchus de tous leurs droits, et ramenés en France aux frais de l'État.

Toutefois, cette mesure de rigueur ne pourrait être prononcée que par le préfet en conseil, et sur le vu d'une enquête, faite d'après les formes tracées d'avance, et qui offrirait toutes garanties aux colons.

Enfin, l'administration fournira, à titre de prêt, une paire de bœufs et une charrue pour trois familles ; elle fournira de plus à chacune d'elles les outils et instruments aratoires et les grains pour les semences de la première année.

Trois points de cette partie du projet doivent être expliqués :

1° Les dépenses mises à la charge de l'État ;

2° L'indivision des terres pendant quatre ans, et le travail en commun pendant cette même période ;

3° La direction imposée aux colons et les conséquences d'un refus de concours ou d'insubordination.

Il serait surabondant de revenir sur les autres.

DÉPENSES A LA CHARGE DE L'ÉTAT.

L'Assemblée constituante , par son vote du   septembre 1849, assure aux colons plus que nous ne demandons dans notre projet ; d'après les termes du décret, l'État doit fournir les vivres et le vin pendant trois ans ; dans notre système, la troisième année , les colons ne recevront que moitié ration de vivres. Nous pourrions nous en tenir à cette explication, puisque nous nous sommes tenu en deçà des limites du décret. Mais ce n'est pas la seule économie que nous entendons donner à l'État ; les ressources prochaines et sûres que l'ouvrier trouvera en Afrique, en suivant les règles que nous formulons, lui permettront de rembourser toutes les avances qui lui seront faites, tant pour sa nourriture que pour son logement.

Nous avons dit et prouvé que ce remboursement était juste et nécessaire ; nous avons ajouté qu'il sera facile ; nous le prouverons bientôt. Maintenant nous devons nous attacher à démontrer que, si l'on a la ferme volonté de coloniser l'Algérie, cette dépense ne doit pas arrêter.

Il ne faut pas croire que le cultivateur aisé quitte la France pour aller coloniser l'Algérie. Pendant longtemps encore, on ne trouvera pour cultiver la terre d'Afrique que des ouvriers sans travail et malheureux ; bien plus, s'il s'en présentait d'autres, il serait d'une sage politique et d'une haute moralité de préférer les plus pauvres. La France doit d'abord venir en aide à ceux qui souffrent.

On sait que la première récolte ne peut se faire qu'à la fin de la deuxième année. Pendant deux ans, il faudra donc, de toute nécessité, pourvoir à tous les besoins des colons, puisqu'ils n'auront pas de ressources qui leur soient propres, et que leur travail ne leur en donnera pas. On devra de plus leur donner un logement ; c'est là un besoin de première nécessité, auquel ils ne pourraient non plus satisfaire. Enfin, et par les mêmes motifs, on leur fournira les grains pour les premières semences, les bœufs et les instruments aratoires.

Il faut considérer encore que le travail sera d'autant plus pénible pour les colons, qu'aux fatigues qu'il cause partout viendront se joindre, en Afrique, les effets de l'acclimatation. Aussi nous voudrions qu'il fût pourvu à leur nourriture avec soin et suffisance. Nous pensons qu'il y aurait économie et avantage à ne pas diviser les vivres par ménage, et à les réunir et préparer dans un centre commun.

En tenant compte de la part que les colons prendront aux travaux de barrages, canaux d'irrigation, dessèchements et assainissements, qui, dans tout état de cause, devraient être à la charge de l'État, nous évaluons à quatre millions les avances à faire par l'administration, et qui devront être remboursées. Cette somme, répartie sur les douze mille cinq cents hectares de terres concédées, porte la créance de l'État à trois cent vingt francs par hectare. Mais comme il faudra en outre tenir compte à l'administration de cinq années de l'intérêt de cette somme pendant lesquelles le colon ne pourra rien payer, le capital augmentant, les annuités seront de dix-neuf francs vingt centimes par hectare. Les autres travaux que l'État sera obligé de faire, et dont le remboursement ne sera pas exigé, peuvent être évalués à six millions.

Jusqu'à ce jour, il a été dépensé, pour les colons envoyés en Afrique en 1848, environ quinze millions. Mais on ne peut laisser ces malheureux dans l'état où ils se trouvent. Pour améliorer leur position autant que pourra le permettre la situation dans laquelle on les a placés, il sera indispensable de leur donner la plus grande quantité d'eau possible, au moyen de puits à roues ou autres travaux hydrauliques. Il faudra de plus les aider dans les défrichements, partout où le palmier nain rendra ce travail trop coûteux. Si l'on ajoute à ces travaux les frais de la nourriture qu'on s'est engagé à leur donner pendant trois ans, on peut évaluer à six millions au moins les dépenses qui restent à faire pour ces colons. Ainsi le crédit de cinquante millions, sur lequel on a dépensé déjà quinze millions, duquel il faudra déduire en outre six millions pour les colons de 1848, et dix millions pour l'essai que nous proposons, sera réduit à dix-neuf millions, lorsque ces divers essais seront faits. Mais nous pensons qu'alors le succès aura dissipé tous les doutes, fait cesser toutes les répugnances, et que l'industrie privée viendra coloniser l'Afrique. Dans ce cas, les dix-neuf millions suffiront pour faire les barrages, les routes, les canaux d'irrigation et de dessèchement, que l'État prendra à sa charge. Ainsi le crédit ouvert par l'Assemblée nationale ne sera pas dépassé, et l'Afrique sera colonisée.

DU TRAVAIL EN COMMUN.

Un savant économiste a dit : « Si on emploie deux cents hommes à lever la colonne de la place Vendôme, en un jour cette colonne sera sur son piédestal ; un homme seul, occupé pendant deux cents jours à ce travail, usera ses forces sans aucun résultat. » C'est la meilleure preuve qu'on puisse donner de ce que peuvent faire les forces réunies et de l'impuissance des forces isolées. Cette règle s'applique surtout à la colonisation de l'Algérie. En effet, un ouvrier, mis en présence d'un hectare de terre à défricher, se sent découragé à la seule vue du travail qu'on lui demande, et rien n'abat les forces comme le découragement. Ce travail, partagé, lui paraîtra moins lourd ; il sera aussi plus facile et moins dangereux.

Mais outre l'effet incontestable de plusieurs forces réunies et combinées, il est encore un autre motif qui nous fait demander le travail en commun.

Les colons doivent faire en Afrique une culture nouvelle pour eux et pour le succès de laquelle ils ont besoin d'un enseignement et d'une direction. Si chaque colon travaillait son champ, le directeur, quelle que fût son activité, ne pourrait suffire à sa tâche, donner l'instruction à chacun en particulier et exercer la surveillance nécessaire. Le cultivateur, livré à lui-même, suivrait sa routine, ferait mal et le succès de l'entreprise serait compromis. Le travail en commun rendra la surveillance plus facile et plus active.

DE L'INDIVISION DES TERRES.

L'indivision est la conséquence obligée du travail en commun ; si l'on assignait aux colons, dès leur arrivée, les lots de terrain qui leur seront destinés, on s'exposerait à exciter des rivalités, des haines, des jalousies, car on ne pourrait empêcher chacun de penser qu'on fait plus pour le champ de son voisin que pour le sien.

Tous ces inconvénients sont prévenus par le travail en commun et par l'indivision des terres.

TRAVAIL OBLIGATOIRE, MOYEN DE SANCTION.

Nous savons que pour l'homme la liberté est un droit imprescriptible et sacré, et qu'il ne peut l'aliéner sans crime ; mais nous pensons que ce droit n'est pas incompa-

tible avec un engagement volontaire de se conformer à
certaines règles, tracées d'avance, pour arriver à un résultat connu et désiré. S'il n'en était pas ainsi, il n'y aurait
pas d'entreprise collective possible ; car toute entreprise
suppose une direction, et toute direction implique obéis-
sance de la part des dirigés.

Une direction n'est efficace que lorsqu'une pénalité peut
atteindre le dirigé insoumis.

Ces principes justifient notre troisième proposition. Nous
n'avons pas besoin d'insister ; car nous avons eu le soin de
prescrire des règles qui garantiront le colon contre tout
acte arbitraire.

XI.

On n'attend pas de nous une théorie complète sur la
manière de cultiver les plantes industrielles ; il nous aura
suffi d'insister sur l'importance que nous attachons au
choix du directeur des groupes. Il doit parfaitement connaître cette culture pour pouvoir l'enseigner.

Nous dirons pourtant que l'olivier et le mûrier viennent
bien et partout en Afrique, et qu'avec des soins le premier
donne des fruits, et le second des feuilles après la troisième année de plantation ; que l'oranger, le grenadier et
le citronnier arrosés, croissent vite, et donnent des fruits
délicieux, de même que nos arbres à fruits, et principale-
ment le figuier, le cerisier et l'abricotier, enfin les arbres
forestiers ou d'alignement, tels qu'acacias, vernis du Ja-
pon, chêne-vert, etc., croissent et prospèrent promptement
et facilement en Algérie.

Au moyen des irrigations et d'une culture bien faite,
tous les oléagineux, la garance, le tabac et les prairies ar-

tificielles prospèrent en Afrique. Enfin le coton et la canne à sucre peuvent être une source féconde de richesses pour ce pays.

Énoncer ces diverses productions, et dire qu'un bon système d'arrosage et une intelligente direction les rendront faciles et certaines, c'est dire en même temps la richesse et la fécondité du sol, le bien-être qui attend le colon en Afrique ; c'est aussi indiquer la culture à faire et les moyens de réussir.

Si, d'un autre côté, on songe aux conséquences de la culture exclusive des céréales, si on n'a pas perdu de souvenir les sacrifices qu'elle coûte à l'État, le peu de ressources qu'elle offre aux colons, on comprendra combien il importe de sortir vite de la voie funeste dans laquelle on est entré.

Et pourtant nous n'avons pas tout dit, quand nous avons parlé des dangers de la culture exclusive des céréales. Un mal plus grand que ceux que nous avons signalés peut en être la conséquence.

Les colons, ne sachant à qui s'en prendre de leur misère, demandent avec instance la libre introduction en France des blés et des orges de l'Algérie, comme le seul remède à leurs maux. Quelques personnes honorables mues par un sentiment d'intérêt pour notre colonie, ont pensé que les céréales récoltées en Afrique pouvaient être admises en franchise dans les ports de la métropole, sans nuire aux agriculteurs français, et que cette mesure aurait pour effet d'améliorer la position des colons.

Il y a là une double erreur, que nous devons nous empresser de détruire, car elle pourrait servir de prétexte à une mesure qui, si elle était prise, porterait le dernier coup à la propriété foncière de la métropole, déjà si pauvre, si malheureuse.

Et d'abord, nous disons que la libre introduction en France des blés de l'Algérie ne serait d'aucun profit pour le colon.

Jusqu'à présent, l'administration a acheté presque toutes les céréales produites par les cultivateurs européens, et elle a fait ses marchés à des prix aussi élevés que les prix établis sur les diverses places du midi de la France. Les colons ont donc vendu leur récolte en Afrique avec autant d'avantage qu'ils auraient pu la vendre en France ; en sont-ils pour cela moins pauvres ?

D'un autre côté, il est important d'ajouter que les céréales récoltées en Afrique, tant par les Européens que par les Arabes, n'ont pas suffi jusqu'à présent à la consommation de la colonie, et que, tous les ans, plusieurs navires chargés de grains ou de farines, viennent compléter l'approvisionnement de l'Algérie. Le cours des farines est souvent plus élevé à Alger qu'à Marseille. Les colons n'ont donc aucun intérêt à vendre leurs blés en France.

Mais si les colons ne doivent retirer aucun profit de la mesure qu'ils sollicitent, l'effet n'en serait pas moins désastreux pour les cultivateurs français ; car une baisse sensible sur le cours des blés en serait la conséquence immédiate.

Les misères de nos campagnes sont connues; on sait que le sol est écrasé sous le poids d'une dette hypothécaire énorme. On sait que le propriétaire, obéré, ne peut se procurer de l'argent qu'à des conditions onéreuses, ruineuses même ; toutes améliorations sont donc impossibles dans l'état actuel des choses. Ajoutons que le fractionnement indéfini de la propriété sera toujours un obstacle aux progrès de l'agriculture. Disons-le donc, car un intérêt immense se rattache à cette question : tant que des réformes utiles et desirées n'auront pas été faites, tant que l'agriculture sera soumise à l'usure et au fractionnement indéfini des terres, le tarif protecteur des céréales ne peut être modifié sans un grand danger pour la France.

Ainsi, que le colon de l'Algérie renonce à la culture exclusive des céréales; malheureuse pour lui, cette culture est dangereuse pour la métropole. Qu'il s'applique à produire les plantes industrielles, pour lesquelles la France est tributaire de l'étranger; il en retirera de grands avantages, sans nuire aux intérêts de la mère-patrie.

Mais les céréales exceptées, tous les produits de l'Algérie doivent être admis en franchise dans les ports de la métropole. Laisser subsister plus longtemps le tarif de prohibition, serait condamner l'Afrique à l'impuissance et préparer la ruine et l'abandon de cette riche et importante colonie.

Nous pousserons notre démonstration jusqu'au bout; nous insistons, parce que nous sommes convaincu que l'avenir de la colonisation est attaché à cette question.

Si l'on consulte les statistiques qui ont été dressées en Afrique, on voit :

Que la moyenne du rendement des céréales est de huit quintaux métriques de blé par hectare ou de onze quintaux d'orge. Nous pensons que dans les conditions où est placé le colon cette moyenne diminuera tous les ans, au lieu d'augmenter.

Huit quintaux métriques de blé, à vingt francs, représentent une valeur brute de cent soixante francs.

Onze quintaux d'orge, à quatorze francs, représentent une valeur brute de cent cinquante-quatre francs.

Si de ces deux sommes on déduit le prix de la main-d'œuvre, les impôts et les semences, il reste à peine quarante ou cinquante francs au colon.

Tandis qu'un hectare de terre cultivée en tabac donnera un produit net de mille à douze cents francs.

Que le sésame ou la garance produisent sept à huit cents francs par hectare;

Que le lin et le chanvre donneront de huit à neuf cents francs;

Que les prairies artificielles produisent jusqu'à douze cents francs par hectare; car, arrosées, elles peuvent être coupées huit à neuf fois par an;

Que le coton et la canne à sucre donneront un produit net de plus de mille francs;

Enfin que la cochenille, qui s'élève en Afrique aussi bien et peut-être mieux qu'en aucun pays du monde, peut donner jusqu'à sept mille francs de revenu par hectare.

Si l'on ajoute à cela l'élève des vers à soie, l'amélioration et la propagation des espèces ovine, bovine et chevaline, la culture de l'olivier, qui est l'arbre d'Afrique, et dont la plantation est partout négligée, on comprendra les avantages du système que nous proposons.

Nous avons promis de prouver que le colon pourrait facilemeut rembourser à l'État les avances que celui-ci aura faites pour lui.

Ce que nous venons de dire nous servira à faire cette preuve et à mettre sous les yeux du lecteur le bilan des revenus d'une famille de cultivateurs après cinq années d'installation en Afrique.

Dans notre projet chaque famille aura, en moyenne, cinq hectares de terres, dont deux, au moins, arrosables. Les prairies artificielles dont on ne saurait trop encourager la culture, permettront au colon de se livrer à l'élève des bestiaux. Les engrais ne manquant pas et la culture étant faite avec plus de soin et d'intelligence, on peut compter que le produit des céréales sera plus que doublé.

Supposons maintenant que le colon ait planté en tabac

un demi-hectare de terre arrosée, il aura un produit net
(*au minimum*) de.   400
Un demi-hectare de la même terre en prai-
ries artificielles, produit net.   400
(Cette culture vaudra une jachère).
Un quart d'hectare en lin, produit net. . .   200
Un quart d'hectare en chanvre, produit net.   200
Un demi-hectare canne à sucre ou tabac, net.   400
Des trois hectares non arrosables et cultivés
en céréales, nous supposerons un demi-hectare
en jachère pour l'amélioration, et nous porte-
rons le produit net du reste à 120 francs par
hectare, soit.   300
Enfin, on peut évaluer sans exagération le
le produit des arbres complantés sur la propriété,
à.   100

Revenu net du colon par an. . 2,000
Dont il faudra déduire : pour la rente à ser-
vir, 5 hectares à 19 fr. 25 . . . 96 25 }
Impositions à 10 fr. l'hectare. . 50 « « }   146 25

Reste net. 1,853 75

Tel sera, quitte de tous frais de culture et autres, le net
produit de cinq hectares de terre, lorsque les colons de
l'Algérie seront placés dans de bonnes conditions. Et qu'on
ne suppose pas que nos appréciations soient exagérées ; les
statistiques officielles prouvent au contraire que nous sommes resté au-dessous des rendements déjà obtenus.

En présence de ces résultats certains, toute hésitation
doit cesser : attendre encore serait s'exposer à des repro-
ches mérités, car notre population ouvrière souffre, et doit
trouver en Afrique un adoucissement à ses maux. Se tromper serait une faute impardonnable, car l'expérience est

faite et la ligne de conduite à suivre parfaitement tracée.

Cette ligne de conduite peut être résumée ainsi :

Secours suffisants,

Irrigation abondante,

Direction intelligente.

Avec cela, on obtiendra en Afrique des résultats meilleurs qu'il n'est possible de le prévoir ; sans cela, on n'aura rien que misère, ruine et maladie.

Ici doit s'arrêter notre travail ; théoriquement nous ne saurions pousser plus loin une démonstration. C'est maintenant à la pratique seule qu'il appartient de corroborer nos affirmations par le succès.

En finissant, nous résumerons ainsi la question de l'Algérie :

1° L'honneur et l'intérêt de la France imposent au gouvernement le devoir de conserver notre conquête.

Pour conserver l'Algérie il faut soixante mille hommes et quatre-vingt millions; la France ne peut s'imposer pendant longtemps un si grand sacrifice en hommes et en argent.

Si la France ne peut s'imposer ces sacrifices, où trouvera-t-elle les hommes et l'argent nécessaires ?

Nous répondons : Dans la colonisation, et là seulement !

Donc il faut se hâter de coloniser.

Mais pour coloniser un pays il faut y appeler des bras et des capitaux.

Les ouvriers et les capitalistes ne vont que là où il y a sécurité entière.

Nous avons prouvé qu'il était facile de préserver les colons des influences du climat et des entreprises des Arabes.

Mais pour appeler le capital il faut plus que la sécurité, il faut la confiance dans le succès.

Cette confiance, les premiers essais, qui tous ont été malheureux, l'ont détruite.

Pour qu'elle renaisse, il faut tenter un nouvel essai et que cet essai réussisse : l'État seul peut l'entreprendre; nous croyons avoir indiqué les règles qui le garantissent.

Si l'on nous oppose que nous demandons plus que l'État ne peut donner, nous répondrons, le décret de septembre à la main, que nous demandons moins que l'Assemblée constituante n'a promis, et que, quand même il n'en serait pas ainsi, pour une cause si grande, si importante, la France ne pourrait s'arrêter devant un sacrifice d'argent.

XII

Depuis longtemps, l'Algérie réclame un gouverneur civil et l'assimilation complète à la France : nous considérons cette demande comme prématurée ; pourtant, nous pensons qu'il serait utile que l'administration civile acquît plus de force et d'extension ; mais une assimilation complète à la France nous paraîtrait dangereuse.

Quand on réfléchit que toutes les nations de l'Europe ont fourni leur contingent de colons à l'Algérie, que la population ainsi composée d'éléments hétérogènes n'a encore aucun lien d'affinité, on est forcé de convenir que les formes de l'administration civile seraient souvent ou insuffisantes ou impuissantes.

Quand on sait, en outre, qu'il y a très-peu de villes en Afrique où la population indigène ne soit en grande majorité, on doit se demander s'il serait prudent de faire jouir de toutes nos franchises municipales une population ignorante, à peine sortie du régime du sabre.

Des améliorations sont nécessaires, indispensables, mais elles doivent être lentes et progressives.

Ce qu'il faut à l'Algérie, c'est un code administratif libéral, clair et concis, pour remplacer des milliers d'ordonnances contradictoires, dédale qui régit aujourd'hui l'Afrique et dans lequel l'administrateur le plus intelligent hésite et se perd quelquefois. Ce qu'il faut surtout, c'est que les attributions soient nettement définies, que la ligne de démarcation des pouvoirs soit clairement indiquée; beaucoup de rouages inutiles doivent être supprimés. On évitera ainsi des conflits d'autorité dont le moindre inconvénient est de rendre les affaires interminables et qui seuls ont occasionné les plaintes bien souvent légitimes des colons et des administrateurs.

Il est encore un mal que nous devons signaler et sur lequel nous appelons toute l'attention du gouvernement.

Les meilleures terres sont devenues la propriété de spéculateurs avides et intéressés qui les laissent en friche, en attendant un moment favorable pour les vendre et réaliser des bénéfices considérables.

A part quelques rares et honorables exceptions, les grands propriétaires de l'Algérie ou n'ont encore rien fait ou se sont contentés de faire cultiver leurs terres par les Arabes. L'État ne peut, sans une condescendance coupable, tolérer plus longtemps un tel état de choses, qui est ruineux pour l'Afrique ; il faut contraindre les propriétaires à cultiver ou à délaisser. Le moyen est facile, il est juste, équitable et utile.

Les industriels dont nous avons parlé, tiennent leurs terres, soit de l'État à titre de concession, soit des Maures auxquels ils les ont achetées à vil prix.

Pour les concessionnaires, on peut et on doit, après un dernier avis et un délai suffisant , déposséder, sans exception , tous ceux qui n'auront pas rempli les conditions qui leur ont été imposées et auxquelles ils ont souscrit.

Quant aux propriétaires à titre onéreux, on doit imposer leurs terres en friche comme si elles étaient cultivées.

C'est là pour le gouvernement un droit et un devoir ; il ne doit pas permettre que des terres riches et fertiles demeurent plus longtemps improductives. Le propriétaire actuel ne pourra s'en prendre qu'à lui des conséquences de ces mesures, et si, par incurie ou avarice, il abandonne des terres qui lui rendraient au centuple les dépenses qu'il est obligé de faire pour les mettre en culture, d'autres viendront, plus intelligents et plus dévoués, pour cultiver à sa place, jouir des avantages qu'il n'aurait tenu qu'à lui de garder, et contribuer ainsi au bien-être de la France et de l'Algérie.

La conquête de l'Algérie s'est faite sous la monarchie, la République doit donner à ce pays tous les bienfaits de la civilisation. Pour être moins brillante, cette œuvre n'est ni moins belle ni moins utile que la première.

Mettre fin à la guerre en amenant à nous par de sages et utiles améliorations la population indigène encore insoumise ;

Trouver en Afrique les moyens de soulager les misères de nos classes ouvrières si malheureuses, si intéressantes;

Tel doit être le but de nos efforts.

Nous le répétons, c'est une œuvre à la fois grande et utile; elle honorera le gouvernement qui en prendra l'initiative et saura la conduire à bonne fin.

Coulommiers. — Imprimerie de A. Moussin.